公共管理教学案例精选

The Case of Public Administration

赵景华 主 编
于 鹏 副主编

图书在版编目(CIP)数据

公共管理教学案例精选/赵景华主编.—北京:北京大学出版社,2019.4
(财经类专业硕士教学案例丛书)
ISBN 978-7-301-30398-6

Ⅰ.①公… Ⅱ.①赵… Ⅲ.①公共管理—研究生—教案(教育)—汇编 Ⅳ.①D035-0

中国版本图书馆 CIP 数据核字(2019)第 041643 号

书　　　名	公共管理教学案例精选 GONGGONG GUANLI JIAOXUE ANLI JINGXUAN
著作责任者	赵景华　主编　于　鹏　副主编
策 划 编 辑	贾米娜
责 任 编 辑	周　莹
标 准 书 号	ISBN 978-7-301-30398-6
出 版 发 行	北京大学出版社
地　　　址	北京市海淀区成府路 205 号　100871
网　　　址	http://www.pup.cn
微信公众号	北京大学经管书苑（pupembook）
电 子 信 箱	em@pup.cn　　QQ：552063295
电　　　话	邮购部 010-62752015　发行部 010-62750672　编辑部 010-62752926
印 刷 者	北京圣夫亚美印刷有限公司
经 销 者	新华书店
	730 毫米×1020 毫米　16 开本　16.25 印张　305 千字 2019 年 4 月第 1 版　2023 年 4 月第 4 次印刷
定　　　价	39.00 元

未经许可，不得以任何方式复制或抄袭本书之部分或全部内容。
版权所有，侵权必究
举报电话：010-62752024　电子信箱：fd@pup.pku.edu.cn
图书如有印装质量问题，请与出版部联系，电话：010-62756370

编委会
(按姓氏笔画排序)

马海涛	王瑞华	尹 飞	白彦锋
朱建明	李建军	李晓林	辛自强
张学勇	赵景华	袁 淳	唐宜红
殷先军	戴宏伟		

总　序

中国改革开放四十年来,尤其是党的十八大以来,经济社会发展取得了举世瞩目的成就,党和国家的事业发生历史性变革,中国人民向着决胜全面建成小康社会,实现中华民族伟大复兴的宏伟目标奋勇前进。党的十九大报告指出"建设教育强国是中华民族伟大复兴的基础工程,必须把教育事业放在优先位置",要"加快一流大学和一流学科建设,实现高等教育内涵式发展"。

实现高等教育内涵式发展,研究生教育是不可或缺的重要部分。2013年,教育部、国家发展改革委、财政部联合发布《关于深化研究生教育改革的意见》,明确提出研究生教育的根本任务是"立德树人",要以"提高质量、满足需求"为主线,以"分类推进培养模式改革、统筹构建质量保障体系"为着力点,更加突出"服务经济社会发展""创新精神和实践能力培养""科教结合、产学结合"和"对外开放"。这为研究生教育改革指明了方向,也势必对专业学位研究生教育产生深远影响。

深化研究生教育改革,要重视发挥课程教学在研究生培养中的作用,而高水平教材建设是开展高水平课程教学的基础。2014年教育部发布《关于改进和加强研究生课程建设的意见》,2016年中共中央办公厅、国务院办公厅发布《关于加强和改进新形势下大中小学教材建设的意见》,2017年国务院成立国家教材委员会,进一步明确了教材建设事关未来的战略工程、基础工程的重要地位。

中央财经大学历来重视教材建设,推进专业学位研究生教学案例集的建设是中央财经大学深化专业学位研究生教育改革、加强研究生教材建设的重要内容之一。从2009年起,中央财经大学实施《研究生培养机制综合改革方案》,提出了加强研究生教材体系建设的改革目标,并先后组织多批次研究生精品教材和案例集建设工作,逐步形成了以"研究生精品教材系列""专业学位研究生教学案例集系列""博士生专业前沿文献导读系列"为代表的具有中央财经大学特色的研究生教材体系。其中,首批九部专业学位研究生教学案例集已于2014年前后相继出版。

呈现在读者面前的"财经类专业硕士教学案例丛书"由多部精品案例集组成,涉及经济学、管理学、法学三个学科门类,所对应课程均为中央财经大学各专业学位研究生培养方案中的核心课程,由教学经验丰富的一线教师组织编写。编者中既有国家级教学名师等称号的获得者,也不乏在全国百篇优秀案例评选中屡获佳绩的中青年学者。本系列丛书以"立足中国,放眼世界"的眼光和格局,本着扎根中国大地办大学的教育理念,突破案例来源的限制,突出"全球视角、本土方案",在借鉴国外优秀案例的同时,加大对本土案例的开发力度,力求通过相关案例的讨论引导研究生思考全球化带来的影响,培养和拓宽其国际视野。

"财经类专业硕士教学案例丛书"的出版得到了"中央高校建设世界一流大学(学科)和特色发展引导专项资金"的支持。我们希望本套丛书的出版能够为相关课程开展案例教学提供基础素材,并启发研究生围绕案例展开讨论,提高其运用理论知识解决实际问题的能力,进而帮助其完成知识构建与知识创造。

编写面向专业学位研究生的教学案例集,我们还处在尝试阶段,虽力求完善,但难免存在这样那样的不足,恳请广大同行和读者批评指正。

"财经类专业硕士教学案例丛书"编委会
2018年8月于北京

前　言

中央财经大学 MPA 教育中心历来重视案例教学和本土化案例的开发,高标准组建案例编写团队,定期组织案例教学和案例编写研讨会,力争体现中央财经大学公共管理学科的特色,突出案例的中国本土化特征。近年来,共有 7 篇案例入选全国 MPA 教育指导委员会组织的中国公共管理专业学位教学案例中心案例库。

在中央财经大学研究生院的组织下,根据公共管理专业学位研究生案例教学的特点,主编确定了编写团队的组建标准:(1)案例作者必须是具有 3 年以上的 MPA 教学经验且从事过相关案例教学的任课教师;(2)吸纳部分 MPA 毕业的优秀学员加入案例编写团队,优秀学员须在公共管理相关岗位从事管理工作 5 年以上,具有丰富的实践经验,并全程参与过所编写案例的素材组织和管理。根据以上标准,最终确定了以中央财经大学政府管理学院赵景华院长为主编,于鹏副院长为副主编,相关 MPA 任课教师和部分 MPA 毕业生共同参与的编写团队。团队成员深入案例来源单位进行实地访谈和调研,力争取得一手素材,保证编写案例的真实性、准确性、典型性和代表性。

本案例集共收录公共管理案例 19 个,涉及公共部门战略管理、政府绩效管理、公共政策、城市治理、社会治理、公共部门人力资源管理、应急管理、行政法、公共经济九个重要领域,基本涵盖了公共管理硕士教学的核心课程和主要专业方向课程。收录案例结构完整,包括案例正文和案例使用说明,便于师生使用。

本案例集试图弥补已有的公共管理案例教材的不足,一方面立足于中国国情,所有案例均来自中国本土化的公共管理实践,并在一手调研的基础上进行编写,潜心探索和总结适合中国国情的公共管理规律和方法;另一方面,注重案例编写的易读性和启发性,收录案例均强调案例的通俗性和趣味性,并注重从多维度和多层面提出问题,引人思考,便于读者结合案例更清晰地理解公共管理的理论和方法。

目录

Contents

公共部门战略管理
北京动物园搬迁的战略选择 ……………………………………… 赵景华　003
广东省韶关市芙蓉新区的战略选择 ……………………………… 朱良宏　014

政府绩效管理
世界银行贷款内河二项目（广东省）绩效评价 ………………… 施青军　027
枣庄市港航局力龙协同政府绩效管理系统 ………… 张相林　吴余龙　052
北京市延庆县平衡计分卡体系设计 ……………………………… 罗海元　070

公共政策
农机购置补贴政策绩效评价 ………………………… 施青军　张　剑　091
S市高标准粮田"百千万"工程建设评估 …………… 陈　华　刘庆乐　108

城市治理
临港产业园区规划建设管理模式探讨
　　——以唐山曹妃甸工业区为例 ………………………………… 姜　玲　121
共享单车能否与城市共享未来
　　——成都处置摩拜单车事件的过程及其启示 ………………… 张　腾　127

社会治理

北京市科学技术协会"百强社团"建设案例研究 ………… 曹堂哲　崔楚虹　137

社区治安中的居民参与
　　　——以北京市朝阳区马南里社区为例 ………… 耿　云　王笑展　155

非政府组织"太阳村"救助服刑人员未成年子女 ………… 黄文英　白　丹　168

公共部门人力资源管理

湖北省公务员能力开发与能力席位建设 ……………………………… 张相林　179

压力引起的焦虑 ……………………………………… 王文娟　张鑫媛　192

应急管理

昆明抵制 PX 项目事件 …………………………………………… 孙　静　201

行政法

如何理解国家行政
　　　——关于国家为商业银行上市注资行为的讨论 ……………… 刘双舟　209

公共经济

民营医疗器械企业如何应对外企竞争？ ……………… 邢　华　魏仁科　221

S 市农村基层医疗卫生服务体系建设执行调查 ……… 陈　华　刘庆乐　232

新媒体在大学生艾滋病健康教育中的应用 …………………………… 刘　颖　243

公共部门战略管理

公共図書館の理論

北京动物园搬迁的战略选择*

赵景华

摘 要：本案例在介绍北京动物园基本情况的基础上，呈现了北京动物园搬迁从提出、风波发生、事件发展到最终做出决定的完整过程，并对北京动物园搬迁所涉及的相关利益群体的主要主张和理由予以列示，同时也梳理了政府相关部门在事件发生后所持的态度，希冀通过案例反思城市化进程中政府应如何有效应对外部环境压力，并做出与之相适应的战略决策。

关键词：动物园搬迁　利益相关者　战略管理　张力

背景介绍

位于北京市西城区西直门外大街的北京动物园始建于1906年，前身是清政府设立的"农事试验场"（见图1），它是在北京西部皇家御苑乐善园、继园及广善寺、惠安寺的基础上筹建的，占地1 062亩。1907年，农事试验场展出的第一批动物有80多种，其中包括狮子、大象、斑马、骆驼等。到1908年，农事试验场全部建成开放，人们除了可以观看动物，还可以在植物园内欣赏花草，在亭台楼阁里品茗、休憩，在湖面泛舟。1949年后农事试验场被辟为西郊公园，1955年4月10日正式更名为"北京动物园"。

---

* 本案例由中央财经大学政府管理学院院长赵景华教授编写。

图 1　清末"农事试验场"正门

北京动物园经过百年的发展历程,目前占地面积约 90 公顷,展出珍稀野生动物约 500 种,5 000 余只,年接待国内外游客突破 500 万人次,发挥着国家动物园的功能。北京动物园是国家重点公园、国家重点文物保护单位、全国科普教育基地、全国 4A 级景区。今日的动物园,山石古建、廊桥亭榭、河泉陂池、花草藤树、爬虫游鱼、走兽飞禽等游览资源丰富,科学研究、保护教育、文化交流、知识传播、文物荟萃等社会功能齐全。徜徉园内,少儿发其天真,成人觅其童趣。春花秋月,夏风冬雪;扶老携幼,络绎不绝;天伦同享,古园新晖(见图 2)。①

图 2　北京动物园正门

---

① 北京动物园官网.走进动物园:百年历史(EB/OL). http://www.bjzoo.com/intozoo/history.html, 2017 年 9 月.

纵观北京动物园百年发展历程，特别是1949年后的半个多世纪，正是由于党和国家领导人的关怀、无数动物园职工的奋斗，才使北京动物园得以发展成为现今全国规模最大、饲养动物种类最多，在亚洲乃至全世界都有着巨大影响力的动物园。

搬迁争论的起因

在2004年的北京市人民代表大会（以下简称"人代会"）上，市人大代表、大兴区委办公室主任郭宝东和其他9名代表提出了"关于北京动物园搬迁到大兴与北京大兴野生动物园重组的建议"。郭宝东列举了北京动物园留在城市核心区的三个弊端：

（1）威胁到城市的公共卫生安全。郭宝东将2004年发生的禽流感归咎于建在城市核心区的动物园。

（2）增加城市交通的压力。动物园所在的西直门外地区交通拥堵，而动物园客流量大，给原本就紧张的交通增加了压力。若动物园搬迁，可对该地区道路进行重新规划，改善该地区和北京西部地区的交通状况。

（3）影响动物的正常生长。建在城市中心的动物园，生存空间过于狭小，影响动物的生长发育和动物园自身的发展。

作为政府综合职能部门的北京市发展和改革委员会（以下简称"发改委"），负责研究落实市人大代表提出的关于"北京动物园酝酿搬迁"的提议。而实际上，关于动物园搬迁的议论早在2003年就已发酵，但时至2004年3月仍未被公众知晓。一些动物园的工作人员甚至是在媒体披露后，方才知道自己所在的动物园可能迁至大兴，与北京大兴野生动物园合并。2004年2月，北京市发改委主持召开的首次"北京动物园搬迁问题座谈会"也并未邀请动物园方面参加。[①]

北京动物园搬迁的"秘密"座谈会

在2004年2月上旬召开的北京市人代会后，市人大常委会将提案转给了北京市政府，北京市政府又转给了北京市发改委，并指派市发改委牵头，会同有

---

① 赵凌.北京动物园"迁"动人心[N].南方周末，2004-05-27.

2月15日，市发改委基础设施处组织召开北京动物园搬迁会议。与会单位全部是相关的政府部门，包括市发改委、林业局系统、城市规划部门、大兴区等部门。会上形成了"将北京动物园迁往大兴区"的决定。[①]

据《瞭望东方周刊》的报道，2004年2月25日，北京市发改委委托北京市工程咨询公司召开了第一次小规模论证会，论证会主题是"北京动物园搬迁的可行性"。与会者有北京市政府有关部门，部分专家学者及大兴、延庆等区（县）政府工作人员。会上，市发改委强调了两点：一是动物园搬迁是政府已定的决策，不再讨论搬与不搬的问题；二是要保密，不要让北京动物园的工作人员得知此事。最终，会上达成了"北京市大兴区是较理想的场所"的共识。同一内容、同样召集方的会议又在同年4月15日和4月21日召开过两次。4月15日会议要求大兴、延庆、顺义等区（县）像申办奥运会那样进行方案竞争，但是在4月21日会议后，参与方达成的共识是市政府内定大兴，"申办"竞争只是形式。另外，对搬迁持积极促成态度的大兴区方面和持质疑态度的北京动物园方面，分别于3月中旬各举办过一次座谈性质的活动。前后五次活动参加人员约30位，主要涉及政府机构如林业局系统、市发改委、区县系统（大兴、延庆、顺义等）、城市规划部门，业界包括中国动物园协会、北京动物园等，学术研究机构如中国科学院动物研究所、北京环境科学研究院、北京师范大学、中国农业大学、首都师范大学等。

由北京市发改委组织召开的三次会议的共同之处包括以下四点：一是只研究搬到何地的问题，不讨论搬与不搬的问题，强调动物园搬迁是政府已定的决策。二是强调保密，第一次会议是在当事单位北京动物园没有出席的情况下进行的。三是充分把握会议内容的政府机构，包括市发改委、市规划部门、林业局系统和大兴区方面鲜明地陈述搬迁的正确性和必要性。四是代表不同方面声音的发言者都说自己遵循的是科学发展观并坚持"三个代表"重要思想，重视以人为本。

民间公益组织披露：一石激起千层浪

官方对北京动物园搬迁的论证过程一开始是"秘密"进行的，直到一个名为

[①] 沈望舒.北京动物园搬迁公共权力之争[J].瞭望，2004（20）.

"绿网"①的网站首度披露此事之后,北京动物园搬迁事件才开始为公众所知晓,并瞬时在新媒体上引起了激烈的争论。《中国青年报》《中国消费者报》《新京报》《南方周末》《文汇报》《瞭望》等报纸杂志,中央电视台《经济半小时》《新闻夜话》等栏目进行了深入的采访报道。与相关政府机构旗帜鲜明地支持北京动物园搬迁形成巨大反差的是,一部分专家学者、律师、普通市民或强烈或婉转地表达了不赞成搬迁、不同意选址大兴区的看法。

中国工程院孟兆祯、马建章、陈俊愉和中国科学院张亚平、郑光美五位院士一起向北京市政府有关部门提交了《"不宜搬迁"专家意见书》。院士们认为:"在北京动物园搬迁问题上,政府一定要慎之又慎,广泛听取群众意见。"他们指出,北京动物园不宜搬迁的首要理由,是北京动物园近百年的发展历史。针对"动物离人太近,有可能引发人畜间交叉感染"的主张搬迁的理由,院士们认为,迄今并无此方面报道事例,对此应进行严谨的科学论证。何况以现今的检疫、防疫系统,可以解决疫病和环境污染问题。②

在民间机构组织的"关注北京动物园搬迁"研讨会上,北京市优仕联律师事务所陈岳琴律师说:"对于北京动物园搬迁这样的重大事项,搬迁与否的决策权在人民代表大会,而非政府部门,人大也要在广泛听取公众意见的基础上做出决策。"张星水律师认为,即使是政府部门决策,也同样应遵循法定程序,包括专家论证、行政听证,以及接受人大代表质询等程序。北京市海淀区人大代表许志永说,北京动物园搬迁包括拆迁、新建、原址重新开发三个方面,耗资巨大,人大应对这部分预算开支行使监督权。③

"绿家园志愿者"(简称"绿家园")的负责人汪永晨表示,"绿家园"和"绿网"等共同发起了一次专家学者和市民共同参与的讨论会,不仅关注动物园该不该搬,更关注此类事务应通过什么样的程序来决定,尤其关心公众的知情权和参与权。在中国一些城市动物园的搬迁过程中,大部分对搬迁必要性的论证和变迁地点的选择过程,都只进行了小范围的意见征集和讨论。大多数都处于保密状态,公众参与的机会很少。④

众多游客也积极参与进来。一名与妻子、女儿一起逛动物园的游客说:

---

① "绿网"是一个由民间环保群体通过互联网自发组建而成的公益网站。
② 崔丽.五院士表态:北京动物园不宜搬迁[N]. 中国青年报,2004-05-24.
③ 崔丽.法律界人士:搬否应启动人大程序[N]. 中国青年报. 2004-05-24.
④ 唐建光."我反对!"——中国非政府组织正在走向前台[J]. 中国新闻周刊,2004(24).

"我们一家三口经常在周末逛动物园。现在北京动物园旅游旺季的门票价格是 15~20 元,儿童享受半价,交通费是 3~9 元,加上午饭支出,总共花费可以控制在 100 元以内。""听说动物园要搬到市郊的北京大兴野生动物园,距离市中心 38 公里,如果驾车前往,动物园承诺报销单程的高速公路通行费,但是回程的 20 元通行费要自己负担,往返汽油费大约需要 30 元。北京大兴野生动物园的门票是 80 元。这样一家三口的费用接近 300 元。搬迁后,我们肯定不会常去了。"有消息说,那一段时间,北京市政府收到成百上千名市民的信件和电话,其中包括大学生、中学生,甚至还有不少小学生。中央电视台《经济半小时》栏目的一项问卷调查结果显示:反对将动物园迁到京郊的市民占被调查总数的 50%,支持搬迁的市民占 40%。而搬迁后,动物园目前的用地该如何使用?70% 的被调查者认为,应全部改做城市绿地;也有一些市民提出,搬迁后应该把动物园的现址作为文化遗址加以保护。

事件发生后相关公共部门的回应

一、北京市发改委

据《新京报》报道,2004 年 9 月 6 日,建设部对 2001 年版的《城市动物园管理规定》(以下简称《规定》)做出了修改。在新公布的《规定》中,对原有第 11 条规定做出修改,增加了"动物园规划设计方案,应当由城市人民政府园林行政主管部门组织论证,广泛征求社会各界意见,论证结果应当公示"[①]的规定,而之前只需要报城市园林行政主管部门批准。

北京市发改委基础设施处表示,发改委只是就部分市人大代表、政协委员提出的建议和意见进行调研,还没到决定动物园是否搬迁的阶段,因此在现阶段只邀请了部分专家和相关单位进行了小规模的论证。目前由于多种因素,此事"暂时要放一放"。针对新修改的《规定》,该处负责人说,如果动物园搬迁之事到了决策阶段,专家论证、公众参与的机制肯定会发挥作用,届时一定会召开有市民参加的听证会。[②]

---

① 中华人民共和国建设部.《建设部关于修改〈城市动物园管理规定〉的决定》,2004-07-13.
② 建设部修改动物园管理规定 北京动物园搬迁搁置[EB/OL].http://news.sina.com.cn/s/2004-09-07/12103604862s.shtml(访问时间:2018 年 12 月).

二、国家林业局

国家林业局副局长赵学敏在国务院新闻办记者招待会后表达了对北京动物园搬迁的看法。赵学敏说:"只要是适合动物生活、繁殖的地方,都可以作为动物园地点的选择。同时,还要充分考虑市民的意见。""选择动物园的地点应该充分考虑动物的生活习性,以适合它们的生存、繁衍为标准。同时,作为城市动物园,又要满足市民观看动物的需要。因此,北京动物园是否需要搬迁、搬至何处,决策过程应该经过各方专家充分论证,并征求市民意见。国家林业局一直非常关心北京动物园的搬迁问题,并且会委派相关动物保护专家参与搬迁的论证过程。"①

三、北京市林业局

北京市林业局动物保护处处长侯宝昆则表示,动物园搬迁耗资过大,会造成不必要的浪费,搬迁后的职工福利、大兴地区环境不适等也都是问题,但"总体上看,动物园的建设是北京野生动物保护事业的一大课题,搬迁是大势所趋"。他认为,"动物保护这个问题,国际上有一个概念叫动物福利。应该说进入野生动物园后,动物的生存空间和自由度都会变大,因此动物园的搬迁,对动物保护来讲是最大的捷报";"北京动物园在城市中心区,给本来就紧张的城区交通形成了压力,搬迁到郊区后可以缓解周边地区的交通。据我们统计,北京动物园游客最高日流量在36万人左右,这是一个多么可怕的数字";"刚过去的'非典',包括高致病性禽流感,怀疑是从动物身上传来的。这种可能性在科学界虽然有争议,但是谁也没有排除它的可能性。所以这里有一个公共卫生安全问题。北京动物园在西直门一带,动物与人口高度密集,所产生的水污染、排泄物污染,有可能引发人畜间的交叉感染,对公共卫生构成威胁。"②

四、北京市海淀区人大

据《南方周末》报道,此次动物园搬迁的一次性建设预算为40亿元,完全建成需要10年时间。中国动物园协会刘农林工程师说:"现在政府每年补贴

---

① 国家林业局将委派专家参与北京动物园搬迁论证[N].北京青年报,http://news.sina.com.cn/c/2004-06-11/11303400802.shtml(访问时间:2018年12月).

② CCTV《经济半小时》马洪涛.北京动物园真要搬家?有关人士称还在论证阶段[EB/OL].http://news.sina.com.cn/c/2004-05-09/22313191951.shtml,2014-05.

1 000多万元,将来搬出去恐怕就是5 000万到8 000万元左右,这么大的财政负担,我不知道市政府考虑过没有!"据此,北京市海淀区人大代表许志永表示,如此浩大的财政预算支出,必须经过人大审议方可通过。①

北京动物园搬迁:城市化进程的缩影

从近年来全国各地的情况来看,北京动物园搬迁并不是一个个案。"为城市建设让路"几乎成为各地动物园搬迁的合理理由。自20世纪90年代中期以来,旧城改造和房地产开发的高潮致使城市土地资源趋紧,一些城郊接合部演化为市中心,原来建在城郊的动物园用地开始被纳入关注范围。沈阳动物园是第一家,之后还有大连等城市的动物园;西安动物园变成企业后划归旅游局,迁到距离市中心几十公里之外,原址由房地产开发商盖起高层商业住宅;石家庄动物园计划搬迁到距离市中心20公里以外,原址将修建宾馆;昆明动物园为搬迁已经卖了二级动物;北京动物园先是西南地段被占用,"方圆""凯旋"两座大厦拔地而起,然后是北面规划预留地被银行系统用于楼房建造,如今终于列入彻底迁出计划;上海动物园因开发商判断土地价值超过50亿元,从而陷入了长达三年的关于搬迁问题的争论,据说要在原址上建造会展类综合经济设施。由于公园具有明确的社会公共财产法律地位,轻易无人敢动,所以一些城市采取逐渐演变的方式,由动物园—准绿地—游乐园到房地产开发,最终将公共土地转化为利益集团财产。

北京动物园搬迁的案例仅仅是中国快速城市化进程中的一个缩影。与欧美国家市场主导型的城市化进程不同,中国城市化战略的推进主要是在政府主导下完成的。政府在城市化战略中扮演着规划者、决策者、执行者及制度供给者的多重角色。然而,政府主导下的高速城市化的背后也潜藏了因"政治锦标赛"模式②而引发的诸多扭曲式发展乱象,各地在资源整合的名义下掀起的动物园搬迁的例子就是这一问题的表征。若从公共部门战略管理的理论视角来

---

① 赵凌.北京动物园"迁"动人心[N].南方周末,2004-05-27.
② "政治锦标赛一词"是由北京大学光华管理学院周黎安教授提出的,它指的是上级政府对多个下级政府部门的行政官员设计的一种晋升竞赛。竞赛优胜者将获得晋升,而竞赛标准由上级政府决定,它可以是GDP(国内生产总值)增长率,也可以是其他可度量的指标。

看,动物园搬迁风波所反映的恰是外部压力的需求与政府对外部压力的回应不一致,而这些问题的解决又需要由对动物园负有明确责任的部门进行规划和决策。因此,动物园搬迁背后的张力关系以及如何缓解这些张力,是推动该问题迎刃而解的关键所在。

案例使用说明

一、教学目的与用途

(一) 本案例的适用课程

主要适用于"公共部门战略管理"课程,也适用于"公共管理学""公共政策分析"等课程。

(二) 本案例的教学对象

公共管理硕士(MPA)。

(三) 本案例的教学目标

本案例通过再现北京动物园搬迁风波的发生、发展到尘埃落定的全过程,引导学生运用公共部门战略管理的理论方法及分析工具对案例中的战略环境、涉及利益主体间的张力关系、相关公共部门的战略角色进行分析,从而加深对公共部门战略议题分析和选择的理解。

二、启发思考题

1. 北京动物园搬迁是如何上升为政策议程的?

2. 北京动物园搬迁进入公众视野后,面临哪些外部压力?

3. 面对来自外部环境的压力,政府采取了怎样的回应方式?与外部压力的需求是否一致?

4. 运用保罗·C.纳特(Paul C.Nutt)和罗伯特·W.巴可夫(Robert W.Backoff)关于公共部门战略管理的张力理论分析北京动物园搬迁风波中存在的新情况及其引发的张力关系。

5. 北京动物园搬迁风波发生后,相关政府部门在回应各种争论中扮演了怎样的战略角色?

6. 如果将政府对北京动物园搬迁风波的处理视为一个完整的战略管理过程,试对政府在这一事件处理中的行为进行评价。

三、分析思路

首先分析北京动物园搬迁问题是通过何种途径被提出的,又是如何进入公众视野的。当北京动物园搬迁进入公众视野后,分析在公共领域中就这一问题形成的各种争论和涉及的各方利益相关者的态度,并综合分析评价政府部门在从战略环境分析、战略议题选择、张力关系处理到最后做出决定的过程中所扮演的战略角色。

四、理论依据与分析

1. 将北京动物园搬迁问题视为一个政府战略管理的过程。
2. 运用SWOT分析(态势分析)、利益相关者分析等环境分析工具阐释北京动物园搬迁所面临的环境类型。
3. 运用议题张力法对北京动物园搬迁问题中利益主体间的张力关系进行分析。
4. 根据公共部门战略角色类型的划分理论,定位政府各部门在北京动物园搬迁过程中分别扮演的战略角色。

五、关键点

1. 北京动物园搬迁议题的形成过程。
2. 北京动物园搬迁问题的战略环境类型。
3. 围绕北京动物园搬迁问题形成的张力关系。
4. 政府相关部门的战略角色定位分析。

六、建议课堂计划

(一) 引入案例(10分钟)

教师通过多媒体,以图片、视频等形式,向学生简要介绍北京动物园及其周边环境,以及相关的法律法规和政策。

(二) 角色扮演(10分钟)

将学生分为若干小组,分别扮演动物园方面的领导、发改委官员、大兴区政府工作人员、市民、学者等角色。

(三) 分组讨论(20分钟)

各组经过讨论,将赞成与反对动物园搬迁的理由写在黑板上。

(四)分组辩论(30分钟)

各组根据扮演的角色进行公开辩论。

(五)案例点评(20分钟)

针对学生分组辩论的情况予以点评,并对案例的关键点进行重点分析。

(六)案例总结(10分钟)

总结案例,启发学生对公共部门战略管理的更深入思考。

广东省韶关市芙蓉新区的战略选择*

朱良宏

摘　要：本案例描述了广东省韶关市城市发展的基本情况，用战略管理的相关理论和SWOT分析法阐释了韶关市城市发展的历史背景、形势评估、问题议程、备选战略、可行性评估和实施，呈现了从新区的提出到最终做出规划建设芙蓉新区的战略决策的完整过程，希冀通过案例反思国家老工业基地振兴和资源型城市转型发展进程中，政府应如何有效应对外部环境压力，并做出与之相适应的战略决策。

关键词：战略选择　转型发展　规划建设　资源型城市

案例背景

韶关市位于广东省北部，是岭南文化发源地之一，孕育了"岭南第一人"的唐朝宰相张九龄、南北朝时期陈朝名将侯安都、宋朝贤臣余靖等历史人物。20世纪60年代至70年代，韶关市因矿产资源丰富，重工业发达，经济繁荣发展。而自改革开放以来，由于各种原因，韶关市错失了许多发展良机，逐渐被珠江三角洲许多城市赶超。

---

* 本案例由中央财经大学政府管理学院MPA学员朱良宏编写，作者单位为广东省韶关市曲江区人民政府办公室。

战略管理过程

战略管理过程中一个至关重要的媒介是战略管理小组(Strategic Management Group,SMG)。它由代表组织内、外部利益和权力中心的人构成。① 规划建设韶关市芙蓉新区的战略管理过程是由相对应的 SMG 组织、规划和推进的。在确定建设韶关市芙蓉新区的目标之后,SMG 主要由韶关市委、市政府以及新成立的韶关市芙蓉新区管理委员会组成。为破解制约韶关市经济社会发展的体制机制问题,韶关市积极制定有关行动纲要,做出规划建设芙蓉新区的战略选择,为实现韶关市的振兴发展奠定基础。

SMG 实施步骤如下:

(1) 2011 年 6 月底,初步编制《韶关市芙蓉新城发展战略规划与控制性详细规划整合》规划成果。

(2) 2011 年 9 月 7 日,《韶关市芙蓉新城发展战略规划与控制性详细规划整合》规划方案通过了由省内和省外共同组成的规划专家的严格评审。

(3) 结合韶关市城市发展实际,对芙蓉新城的规划进行了科学整合,编制了《莞韶产业园区扩园规划》。

(4) 2012 年 10 月 16 日,《韶关市芙蓉新城控制性详细规划整合》专家评审会在韶关市召开,会议由韶关市城乡规划局牵头组织。评审会对韶关市的城市发展定位是:粤北中枢、城市核心、旅游基地和宜居家园。

(5) 2012 年 11 月 5 日,韶关市城乡规划局在中国城市发展网对《韶关市芙蓉新城发展战略规划与控制性详细规划整合》进行了公示。②

(6) 2013 年 10 月 28 日,韶关市芙蓉新区管理委员会正式挂牌成立。③

---

① 〔美〕保罗·C.纳特,罗伯特·W.巴可夫.公共和第三部门组织的战略管理:领导手册[M].中国人民大学出版社,2001:128.

② 中国城市发展网.http://www.chinacity.org.cn/cspp/csal/95164.html,2012-11-5(访问时间:2018 年 12 月).

③ 韶关市新鸿达城市投资经营有限公司官网.http://www.xhdct.com.cn/ShowNews.asp？id＝154,2013-10-28.

第一阶段：历史背景

一、外部趋势

一方面，随着经济和社会的发展，国家和广东省相继制定和出台了一些支持粤东西北地区发展的政策。另一方面，"双转移""扶贫双到"等政策的落地，以及珠江三角洲发达地区的城市加大对接力度，为韶关市的发展营造了有利的外部环境。

二、理想

为重振经济，韶关市扬长避短，全面剖析存在的问题，充分利用内外有利形势，审时度势，按照统筹规划、适度超前的要求，科学地提出了规划建设芙蓉新区的战略选择。

第二阶段：形势评估

运用SWOT分析法进行分析、梳理和阐述。

一、优势（Strengths，S）

（1）区位方面的优势。芙蓉新区位于韶关市老城区西北部和南部，涉及三区（武江区、浈江区、曲江区）一县（乳源瑶族自治县）的12个镇，有比较好的区位优势。

（2）交通方面的优势。目前芙蓉新区正在加快建设汕昆高速、武深高速，城市道路网络日臻完善，韶关丹霞机场正在加快建设，其"七纵四横"的路网框架日趋完善，交通方面的优势较为明显。

（3）资源方面的优势。韶关市是有名的粤北资源型城市，有丰富的铀、铅、银、锌等稀有资源。

（4）工业方面的优势。20世纪六七十年代，韶关市是我国著名的老工业基地和国防工业重地，工业发达。芙蓉新区周边有韶钢及特钢产业园、东环线产业发展带等，具有较好的工业基础。

（5）人才方面的优势。韶关市依托地方性应用型高校韶关学院，积极扶持、做大做强各类职业教育，为促进改革发展积蓄人才优势。2016年8月，"韶关市美国硅谷华侨华人专业人才联络站"揭牌成立，有利于激活韶关人才资源优势,带动创业、创新、科学的发展。

二、劣势(Weaknesses,W)

(1)资源劣势。虽然韶关市的铀、铅等资源储量丰富,但随着资源的频繁开采及过度消耗,其资源优势将不可逆转地成为其资源劣势。

(2)产业结构劣势。韶关市作为粤北欠发达地区,产业结构比较单一。

(3)金融创新劣势。芙蓉新区的金融业发展滞后,难以满足新区经济发展的需要。

(4)城市功能劣势。第一,旧城区受地形以及原有规划影响,街道狭窄,功能结构滞后。第二,芙蓉新区距离旧城区较远,导致新区的中心区对外辐射范围有限。第三,公共服务设施配套不平衡。主要的公共服务设施集中在老城区,而芙蓉新区有关公共服务设施的建设尚不健全,离市民的期望仍有较大差距。

三、机会(Opportunities,O)

(1)省内战略机会。2015年4月,广东省委、省政府印发《关于进一步促进粤东西北振兴发展的决定》(粤府办〔2015〕27号)。韶关市应该抓住这一难得的历史机遇,充分利用好扶持政策,抓好新区扩容、产业园区、快速交通等方面的建设,实现新区跨越式发展。

(2)人才政策机会。广东省委、省政府在上述文件中明确提出,鼓励、支持专业技术人员、青年志愿者等人才到粤东西北地区服务,为珠江三角洲地区各类人才交流到粤东西北地区工作提供政策扶持。这为带动韶关市的新一轮发展提供了难得的人才储备机会。

(3)科技创新机会。创新是城市发展的发动机。要树立"时不我待"的发展意识,加快创新要素、创新资源、创新人才在芙蓉新区集聚,推进创新型、宜居型现代化山水城市的建设。

四、威胁(Threats,T)

(1)珠江三角洲地区的先发优势带来的威胁。珠江三角洲地区在经济发展、福利待遇、就业环境等方面占据优势,这对地处粤北的芙蓉新区的人才引进提出了挑战。

(2)周边城市经济发展后来居上带来的威胁。毗邻韶关市的郴州、清远等市发展态势强劲,这对芙蓉新区招商引资及经济结构转型等提出了挑战。

（3）生态保护、环境治理方面的威胁。既要发展经济，又要保护生态；既要金山银山，更要绿水青山。老工业基地和资源型城市的转型之痛、生态保护、环境治理等方面均对芙蓉新区的发展提出了挑战。

第三阶段：问题议程

芙蓉新区面临以下四个层级的议题：

（1）在没有获得上级政策大力支持的情况下，认真做好芙蓉新区的前期规划设计，努力提升本地区经济实力，以尽早进入上级决策视野，获得上级的政策扶持。

（2）优化产业结构，促进农业、工业和服务业协调、健康、可持续发展。

（3）用好"双转移""扶贫双到"等有利的对接政策，促进韶关市融入珠江三角洲，发挥韶关市作为"一带一路"重要节点城市的纽带作用。

（4）用好土地审批政策，科学规划芙蓉新区用地面积。

第四阶段：备选战略

1. 优势(S)
S_1 区位优势
S_2 交通优势
S_3 资源优势
S_4 工业优势
S_5 人才优势

2. 劣势(W)
W_1 资源劣势
W_2 产业结构劣势
W_3 创新不足劣势
W_4 城市功能劣势

3. 机会(O)
O_1 省内战略机会
O_2 人才政策机会
O_3 科技创新机会

4. 威胁(T)
T_1 珠江三角洲地区的先发优势带来的威胁
T_2 周边城市经济发展后来居上带来的威胁
T_3 生态保护、环境治理方面的威胁

议题：在没有获得上级政策大力支持的情况下，认真做好芙蓉新区的前期规划设计，努力提升本地区经济实力，以尽早进入上级决策视野，获得上级的政策扶持。

1. 增强优势

（1）发展高端制造业和现代物流业。

（2）优化产业结构，促进农业、工业和服务业协调、健康、可持续发展。

（3）实施人才发展战略。

（4）激活创新能力，提升产学研转化率。

2. 克服劣势

（1）引进保利、碧桂园、恒大等企业，大力吸收民间资本发展芙蓉新区。

（2）出台配套政策，加快第三产业发展。

（3）科学规划，优化城市功能。

3. 开发机会

（1）促进资源集约、高效利用，转变经济发展方式。

（2）优化芙蓉新区布局，推进基础设施建设。

（3）建设创新型、宜居型、现代化山水城市。

4. 挫败威胁

（1）争取国务院用地审批及省级政策扶持。

（2）优化投资环境，融入粤港澳大湾区，辐射全国，面向东南亚。

（3）完善区域协调机制，增进与周边城市的合作。

第五阶段：可行性评估

本阶段从利益相关者角度进行分析。

（1）政策支持。扎实开展调研、论证、规划设计、土地调规、立项等，及时收集、整理、汇总相关材料并形成申报文件，按照程序，逐级上报，及早获得国务院审批，争取国家和省级政策扶持。

（2）珠江三角洲地区的主要城市。珠江三角洲地区的主要城市包括广州市、深圳市、东莞市、中山市等。要充分利用好东莞、韶关对口帮扶机遇：一是承接更多的优质产业转移，促进地方经济发展；二是做好精准扶贫、精准脱贫、乡村振兴、社会主义新农村建设等相关工作，增加民生福祉，建设美丽乡村，实现全面小康；三是抢抓生态优先、绿色发展机遇，筑牢粤北生态屏障，争当北部生态发展区高质量发展排头兵，加快韶关振兴发展的步伐。

（3）周边城市。加强与周边清远市、郴州市、赣州市等城市的沟通和联系，实现信息共享、资源互通。

(4) 区内各行政区。强化新区内三区(武江区、浈江区和曲江区)、二市(南雄市、乐昌市)、五县(始兴县、仁化县、翁源县、新丰县和乳源瑶族自治县)互融互通、互利共赢、共长共进、永续发展。

(5) 争取国家、广东省的支持。以韶关市山水林田湖草生态保护修复项目列入全国试点项目为契机,积极争取国家、省和市有关支持生态发展区、农田水利、乡村振兴、全域旅游等方面的支持,促进韶关市在新时代实现新发展。

第六阶段：实施

努力寻求利益相关者的支持,主要表现在以下两方面:

(1) 政治权威人物。到过芙蓉新区的上级领导,都对芙蓉新区的建设和发展给予了充分肯定,并勉励韶关市抢抓发展机遇。

(2) 党内决策机构。韶关市芙蓉新区管理委员会委托专家组起草相关报告及材料,经审议通过以后,按照法定程序,逐级汇报,争取国家和广东省更多政策扶持。

结 果

2013年6月13日,广东省人民政府办公厅印发《广东省人民政府办公厅关于印发韶关芙蓉新区建设工作方案的通知》(粤办函〔2013〕293号),将《韶关芙蓉新区建设工作方案》以省人民政府文件的形式发布。韶关市芙蓉新区建设工作由此步入正式实施的阶段。

2013年10月24日,广东省人民政府常务会议审议并原则通过了《广东韶关芙蓉新区发展总体规划(2013—2030年)》(以下简称《总体规划》)。《总体规划》由此成为韶关市芙蓉新区建设和发展的纲领性文件,为新区的发展指明了方向。

在《广东省人民政府办公厅关于印发韶关芙蓉新区建设工作方案的通知》公布后,韶关市芙蓉新区迎来了新一轮发展。新区被纳入广东省发展战略后,全市人民对韶关市芙蓉新区的发展寄予厚望。随着经济结构的调整和经济发展方式的转变,韶关市芙蓉新区应在实践中适时调整发展战略。

战略选择：老工业基地振兴和资源型城市转型发展进程的缩影

从近年来全国各地的情况来看，韶关市芙蓉新区建设并不是一个个案，而是中国快速城市化进程中的一个缩影。若从公共部门战略管理的理论视角来看，韶关市芙蓉新区建设问题的解决需要公共部门进行科学规划和决策。国家老工业基地振兴和资源型城市转型发展进程中政府应如何有效应对外部环境压力，并做出与之相适应的战略决策，是一个非常值得深入探讨的问题。

案例使用说明

一、教学目的与用途

（一）本案例的适用课程

主要适用于"公共部门战略管理"课程，也适用于"公共管理学""公共政策分析"等课程。

（二）本案例的教学对象

公共管理硕士（MPA）。

（三）本案例的教学目标

本案例通过描述广东省韶关市城市发展的基本情况，呈现了特定时期韶关市作为国家老工业基地和资源型城市在经历蓬勃发展后的萧条图景，以及从建设芙蓉新区构想的提出到最终做出规划建设芙蓉新区的战略决定的完整过程，同时也梳理了政府相关部门在此过程中所持的改革态度，希冀通过案例反思国家老工业基地振兴和资源型城市转型发展进程中，应如何有效应对外部环境压力，并做出与之相适应的战略决策。

二、启发思考题

1. 韶关市作为国家老工业基地和资源型城市，其转型之痛表现在哪里？
2. 规划建设芙蓉新区是在什么样的背景下提出的？
3. 规划建设芙蓉新区是如何上升为政策议程的？

4. 芙蓉新区规划如何在实践中优化和调整？

5. 如果将政府对韶关市规划建设芙蓉新区的处理视为一个完整的战略管理过程，试对政府在这一事件处理中的行为进行评价。

三、分析思路

首先分析韶关市作为老工业基地和资源型城市由辉煌到衰落的背景。进而思考：规划建设芙蓉新区是在什么样的背景下提出的？规划建设芙蓉新区是如何上升为政策议程的？政府相关部门在此过程中所持的改革态度如何？涉及哪些利益相关者？综合分析评价政府部门在从战略环境分析、战略议题选择、张力关系处理到最后做出决定的过程中所扮演的战略角色。

四、理论依据与分析

1. 将规划建设芙蓉新区视为一个政府战略管理的过程。

2. 运用利益相关者分析等环境分析工具阐释，韶关市作为老工业基地和资源型城市在转型过程中所面临的环境类型。

3. 根据公共部门战略角色类型的划分理论，定位政府各部门在规划建设芙蓉新区过程中分别扮演的战略角色。

五、关键点

1. 规划建设芙蓉新区议题的形成过程。

2. 规划建设芙蓉新区的战略环境类型。

3. 政府相关部门的战略角色定位分析。

六、建议课堂计划

（一）引入案例（10分钟）

教师通过多媒体，以图片、视频等形式，向学生简要介绍韶关市作为老工业基地的背景及其周边环境。

（二）角色扮演（10分钟）

将学生分为若干小组，分别扮演韶关市政府工作人员、韶关市城乡规划局工作人员、韶关市芙蓉新区管理委员会工作人员、市民等角色。

（三）分组讨论（20分钟）

各组经过讨论，将赞成与反对规划建设芙蓉新区的理由写在黑板上。

（四）分组辩论（30分钟）

各组根据扮演的角色进行公开辩论。

（五）案例点评（20分钟）

针对学生分组辩论的情况予以点评，并对案例的关键点进行重点分析。

（六）案例总结（10分钟）

总结案例，启发学生对公共部门战略管理的更深入思考。

政府绩效管理

世界银行贷款内河二项目(广东省)绩效评价*

施青军

摘　要：本案例是财政部2009年国际金融组织贷款完工项目绩效评价的试点项目之一。评价小组依据《国际金融组织贷款项目绩效评价操作指南》,采用相关性、效率性、效果性和可持续性四个准则,从"项目是否符合国家发展战略与契合当地地区发展需求""项目建设过程是否达到效率性标准""项目是否达到计划的效果性目标"以及"项目的后续运营是否可持续"四个方面,对世界银行贷款内河二项目(广东省)项目进行了评价,并从项目的管理、实施和运营等方面总结了相关的经验和教训。

关键词：国际金融组织贷款项目　完工项目　绩效评价

引　言

2008年2月召开的十七届二中全会通过了《关于深化行政管理体制改革的意见》,文件明确指出,要推行政府绩效管理和行政问责制度。此后,许多地方政府及部门开始对绩效管理进行积极的探索和实践。2008年4月21日,财政

---

* 本案例由中央财经大学政府管理学院施青军教授编写。该案例为财政部国际司2009年国际金融组织贷款完工项目绩效评价的试点项目之一,由广东省财政厅负责,广东省科技评估中心王亚萍等人组成评价小组进行项目的评价并撰写评价报告。

部发布了《国际金融组织贷款项目绩效评价管理暂行办法》(财际 2008〔48〕号)(以下简称《办法》),2009 年又发布了《国际金融组织贷款项目绩效评价操作指南》(以下简称《指南》),并在全国范围内挑选国际金融组织贷款项目进行评价试点。2011 年 3 月 10 日,国务院批准成立由监察部牵头的政府绩效管理工作部际联席会议,负责指导和推动政府绩效管理工作。2011 年经国务院同意,全国有八个省、市、自治区及六个部委,开展政府绩效管理试点,并于同年相继出台了《财政支出绩效评价管理暂行办法》和《关于推进预算绩效管理的指导意见》作为指导文件。

目前,绩效评价已经成为政府和公共事业部门改革的重要内容,许多地方政府和部门结合自身实际,借鉴发达国家经验,进行了多层次、多维度的实践。本案例是对公共项目绩效评价的一次成功探索,为其他类似的项目评价提供了可参考的经验。

相关背景介绍

我国从 20 世纪 80 年代起开始利用国际金融组织贷款。国际金融组织贷款已成为我国引进和利用外资的一条重要渠道。获取的贷款资金主要用于支持农业、扶贫、能源、交通、城建、环保、教育、卫生等涉及国民经济和社会发展的重要领域。从 2008 年开始,我国财政部国际司开始借鉴国际金融组织的评价方法,对国际金融组织贷款项目展开绩效评价实践。2009 年,27 个省级行政区域的项目被选取作为试点,这是我国政府第一次对国际金融组织贷款项目绩效评价的实施和管理提出明确的要求。世界银行贷款内河二项目(广东省)为当年试点项目之一。由广东省财政厅成立绩效评价领导小组负责该项目评价的管理和协调工作,由广东省科技评估中心组成第三方评价小组对该项目开展评价活动。该评价小组在项目评价中由于评价程序规范有序、评价方法得当有效且评价结果客观可靠,其参与评价的项目被选为"国际金融组织贷款项目绩效评价典型案例",为后来国际金融组织贷款项目绩效评价活动的开展提供了有益的借鉴。

世界银行贷款内河二项目（广东省）的绩效评价

一、项目建设背景

1. 项目建设背景

"九五"期间，广东省内河航运所面临的主要问题是内河航道通航等级低、船舶通航吨位小、运输效率低等，制约了各流域经济腹地的生产力发展。根据当时广东省"打通西江和榕江出海航道，整治横门水道、北江下游航道，整治珠江三角洲航道网主要骨架航道，使珠江三角洲航道网初具规模，粤东、粤北山区航道条件得到改善"的航道建设目标，选择西江下游肇庆至虎跳门航道、莲沙容航道进行建设。该项目是广东省"九五"建设重点项目之一，也是世界银行贷款内河二项目的主要组成部分。

西江下游（肇庆—虎跳门）航道整治工程起于肇庆、西江二桥，止于江门与珠海斗门交界的虎跳门口，全长168千米。航道整治工程的建设标准为：航道水深6米，航道宽度100米，航道最小弯曲半径650米，通航保证率98%，满足全年通航3 000吨级海轮。工程的主要内容包括裁弯、炸礁、筑坝、护岸、疏浚、设置航标和建设站房码头等配套项目。莲沙容（莲花山—南华）航道整治工程起于浮莲岗水道的莲花山，止于容桂水道的南华，全长90千米。水道整治工程的建设标准为：航道水深4米，航道宽度80米，最小弯曲半径500米，通航保证率98%，满足1 000吨级江海轮船舶通航。工程的主要内容包括炸礁、切嘴、护岸、疏浚、设置航标和建设站房码头等配套项目。

2. 项目目标

项目目标是提供比现有内河运输更具竞争力、更高效和更富有生产力的服务。具体目标包括：

（1）完善内河航道基础设施，使之通航更大型的船舶；

（2）建设和完善支持保障系统，提高航道综合管理和服务水平。

3. 项目实施情况

项目原计划的贷款时间从1999年3月18日开始生效，于2006年12月31日结束，向世界银行贷款7 000万美元，国内配套7.87亿元人民币，总投资13.66亿元人民币，还款期为20年，宽限期5年，承诺费0.75%。项目按时启动，实际完工时间为2006年3月31日,实际总投入12.49亿元人民币,其中世界银行贷款金额为5 000万美元。项目包括两个分项目:西江下游(肇庆—虎跳门)航道整治工程和莲沙容(莲花山—南华)航道整治工程。两个分项目都包括土建项目部分、设备采购部分、咨询服务与培训部分。

二、项目评价情况

1. 评价目的

(1) 通过绩效评价,总结内河航运基础建设的经验教训,为将来开展相关的内河航运基础建设领域项目提供借鉴和参考。

(2) 通过绩效评价,对《指南》的操作性、适用性等进行检验,并在评价过程中总结经验和教训,为进一步修改和完善《指南》提出意见和建议。

2. 评价过程

为保证绩效评价的成功实施,评价小组根据广东省财政厅制定的项目绩效评级任务大纲,分析项目相关文件,与管理者及项目管理部门进行积极的沟通,设计了可操作的实施方案。

第一步,评价小组查阅了本项目的相关文件,包括项目评估报告(PAD)、世界银行对华援助战略报告、全国内河航道与港口布局规划、中方完工报告、项目总结报告、国际金融组织的其他报告等。在熟悉项目概况、背景、项目目标、活动内容、项目的监测与评价,并理解评价任务大纲的基础上,最终形成"国际金融组织贷款项目基础信息表"。

第二步,设计绩效评价框架。评价框架是开展绩效评价的核心,包括评价准则、关键评价问题、评价指标、证据、证据来源、证据收集方法等。评价小组根据《指南》中的4个评价准则、13个关键评价问题以及设计绩效评价框架的步骤,结合项目具体特点,完成本项目绩效评价框架。

第三步,设计评价实施方案。为了保证评价活动顺利、及时地开展,评价小组对每个评价活动做出时间安排,以便对评价实施的进度和质量进行控制。实施方案的形成历经以下环节:评价任务分解、评价小组分工、实施时间安排、设计面访、座谈会开展和实地调研等。

3. 绩效评价指标

该项目绩效评价指标如表1所示,根据项目特点,评价共设计了30个指标来对13个关键问题进行回答,其中涉及相关性的有6个指标,涉及效率性、效果性和可持续性的各有 8 个指标。

表 1　世界银行贷款内河二项目(广东省)部分项目绩效评价指标

评价准则	关键评价问题	评价指标
相关性	1.1 在设计时,项目是否符合国际金融组织对中国的援助战略、中国的发展政策与优先发展重点	1.1.1 项目目标与当前世界银行对中国在内河航道领域援助战略的相符程度
		1.1.2 项目目标与当前中国发展内河航道战略和政策的相符程度
		1.1.3 项目活动相对于当前西江下游(肇庆—虎跳门)航道、莲沙容航道发展面临问题的针对性
	1.2 在评价时,项目是否符合国际金融组织对中国的援助战略和中国的发展政策与优先发展重点	1.2.1 项目目标与当前世界银行对中国在内河航道领域援助战略的相符程度
		1.2.2 项目目标与当前中国发展内河航道战略和政策的相符程度
	1.3 在评价时,项目提供的产品和/或服务是否能够解决中国(或地方)的实际问题或需求	1.3.1 项目产出相对于当前西江下游(肇庆—虎跳门)航道、莲沙容航道发展需求的针对性
效率性	2.1 项目是否按照计划的开工时间、周期实施并完工	2.1.1 项目开工的及时性
		2.1.2 项目实际实施周期与预期的相符程度
	2.2 项目是否按照计划的资金预算实施	2.2.1 预算资金到位率
		2.2.2 资金实际使用与预算的相符程度
	2.3 项目是否实现了所有的预期产出	2.3.1 项目土建项目部分产出的实现程度
		2.3.2 项目设备采购部分产出的实现程度
		2.3.3 项目咨询服务与培训部分产出的实现程度
	2.4 项目完工后是否达到预期的经济内部收益率	2.4.1 项目经济内部收益率的实现程度

(续表)

评价准则	关键评价问题	评价指标
效果性	3.1 项目是否实现了预期目标	3.1.1 项目是否实现了船舶大型化的目标
		3.1.2 项目是否实现了改善内河运输基础设施状况的目标
		3.1.3 养护效率和养护质量
		3.1.4 项目是否实现了提高回收成本效率、减少政府补助的目标
		3.1.5 项目是否实现了提供效率更高、生产能力更强的内河运输服务
		3.1.6 沿线港口吞吐量
		3.1.7 项目是否实现了机构改革的目标
	3.2 项目的实际受益群体与项目的目标受益群体是否一致	3.2.1 项目的瞄准度
可持续性	4.1 项目的管理和/或运行机构设置、人力资源、经费是否满足项目持续运行的需要	4.1.1 项目运行机构的可持续性
	4.2 项目产出能否得到持续的维护和利用	4.2.1 基础设施的持续利用
		4.2.2 基础设施的维护
		4.2.3 航道设备的持续利用
		4.2.4 航道设备的维护
		4.2.5 信息系统的维护与更新
	4.3 项目制定的政策、制度和/或项目运行所依赖的政策、制度能否得到持续的实施	4.3.1 优先发展内河航道政策的持续性
	4.4 项目贷款(包括国际金融组织贷款和国内贷款的偿还)是否能够按时偿还	4.4.1 项目贷款还款的及时性

三、绩效评价框架

绩效评价框架是开展绩效评价的核心。该项目绩效评价框架包括评价准则、关键评价问题、评价指标、证据、证据来源、证据收集方法(见表2)。

表 2 世界银行贷款内河二项目(广东省)部分项目绩效评价框架

评价准则	关键评价问题	评价指标	证据	证据来源	证据收集方法
相关性	1.1 在设计时,项目是否符合国际金融组织对中国的援助战略,中国的发展政策与优先发展重点	1.1.1 项目目标与当前世界银行对中国在内河航道战略援助领域的相符程度	项目目标:提供比现有内河运输服务更具有竞争力、更高效和更富有生产能力的服务,通过降低单位成本和缩短运输时间达到目的。具体目标包括: (1)完善内河航道基础设施,使之通航更大型的船舶 (2)建设和完善支持保障系统,提高航道综合管理和服务水平 (3)提供效率更高、生产能力更强的内河运输服务	• 《项目评估文件》 • 《世界银行对华援助战略报告》(文件号:16321-CHA,1997 年 3 月 18 日)	案卷研究
		1.1.2 项目目前目标与当前中国内河航道发展战略和政策的相符程度	项目目标: (1)不断提高城乡人民生活水平;努力改善交通、发展社会服务,加强公共福利设施建设,基本实现现代化 (2)充分利用内河水资源,加快内河航运的开发和建设,重点建设"两江一河"——长江、珠江水系及京杭运河,发展内河运输	• 《关于国民经济和社会发展"九五"计划和 2010 年远景目标纲要的报告》 • 《中国交通运输"九五"计划和 2010 年发展规划思路》 • 《"九五"期间建设的骨架项目》 • 利益相关者观点	案卷研究 互联网检索

（续表）

评价准则	关键评价问题	评价指标	证据	证据来源	证据收集方法
		1.1.3 项目活动与当前西江下游（肇庆—虎跳门）航道、连沙容航道发展面临问题的相对性	项目活动：航道整治，支持保障系统建设，机构加强与技术援助，国内外培训 当前广东省内河航运所面临的主要问题：内河航道通航等级低，船舶通航吨位小，运输效率低，高等级航道网尚未形成等，制约了各流域经济腹地生产力的发展。具体如下： （1）肇庆一虎跳门航道：当前为国家Ⅲ级航道，全线一类航标，可日夜通航 2×1 000 吨分节驳船队和 400 位客轮。枯水期只能通航 800 吨的船舶。连沙容航道：当前为国家Ⅳ级航道，原实通航 500 吨级内河船舶 （2）西江下游河段有部分碍航浅滩淤积严重，碍航礁石仍未炸除，辖区航道内的部分航沉船均未进行打捞清除，给船舶安全带来隐患 （3）航运企业整体上存在经营规模小，船舶行均载货吨位小	• 《项目评估文件》 • 利益相关者观点	案卷研究 省级座谈会 互联网检索
1.2 在评价时，项目是否符合国际金融组织对中国的援助战略和中国的发展政策与优先发展重点	1.2.1 项目目标与当前世界银行对中国在内河航道领域的援助战略的相符程度		项目目标：改善交通基础设施，尤其是农村公路，也包括连接内陆省份与沿海地区的高速公路、铁路和水路，让贫困人口获得交通运输带来的效益，同时改善路网管理，提升交通安全	• 《项目评估报告》 • 世界银行 2006 年 5 月 23 日发布的《世界银行对华国别伙伴战略报告（2006 年—2010 年）》（报告编号：35435） • 利益相关者观点	案卷研究 互联网检索

（续表）

评价准则	关键评价问题	评价指标	证据	证据来源	证据收集方法
		1.2.2 项目目标与当前中国发展内河航道战略和政策的相符程度	项目目标： （1）规划内河高等级航道、主要港口，促进沿江、沿河产业密集区的形成；形成以通航千吨级及以上内河船舶的高等级航道为骨干，主要港口为主体的全国内河航道和港口体系，促进运输船舶大型化、标准化，使内河水运资源得到有效开发利用，内河水运优势得以充分发挥；到2010年，航道通过能力在目前基础上提高约40%；到2020年，船舶运输条件得到明显改善，单位运输成本比目前明显降低，经济和社会效益显著 （2）提高珠江三角洲高等级内河航道网的现代化水平，有效整合珠江口港口资源，完善广州、深圳、珠海港的现代化功能，形成与香港港口分工明确，优势互补，共同发展的珠江三角洲港口群体 （3）加快全省航道建设的步伐，促进内河航运和港口的发展，带动沿江流域经济快速健康发展，促进交通运输结构调整和节能减排工作的开展，进一步理顺全省航道管理体制	• 《项目评估报告》 • 《全国内河航道与港口布局规划》 • 广东省人民代表大会常务委员会关于批准省人民政府《关于加快省航道建设步伐促进我省航运事业发展议案的办理情况报告》的决议 • 《珠江三角洲地区改革发展规划纲要（2008—2020年）》 • 《关于加快航道建设步伐促进我省航运事业发展议案的办理情况报告》 • 利益相关者观点	案卷研究 互联网检索 省级座谈会

(续表)

评价准则	关键评价问题	评价指标	证据	证据来源	证据收集方法
1.3 在评价时,项目提供的产品和/或服务是否能够解决中国(或地方)的实际问题或发展需求		1.3.1 项目产出与当前肇庆"虎跳门"航道、莲沙容航道发展需求的针对性	(1)西江下游"肇庆—虎跳门"航道整治工程基本完工,已经实现3 000吨海轮的江海直达;莲沙容航道整治工程的工程已经全部完成,保证1 000吨海轮江海直达 (2)肇庆市航道与"泛珠三角区域"其中一个出海通道,在发展省间经济、地市区域经济和山区县域经济交往方面,水上运输存在巨大的发展潜力 (3)肇庆市可可充分利用整治后的西江航道,依托优越的区位、交通、产业等优势,把发展港口物流经济作为今后加快发展的一个新的主攻方向,把港口物流经济打造成为带动区域经济发展的重要方向,努力建设成为西江流域物流枢纽城市 (4)近四年,肇庆市地方生产总值年均增长13.4%,增幅排全省前列。近四年实际利用外贸累计超过24亿美元,年均增长43%,经济发展后劲强大,即将落户的信此外,近年来落户肇庆的亚洲铝业城,等大型加工业企业,其原材料和产品的运输对港口物流提出了更高要求。因此,加快发展港口物流经济,不仅是肇庆市加速工业、城市、县域经济发展的重要支撑,也是实现肇庆市经济加快发展的客观要求	●《全国内河航道与港口布局规划》 ●《珠江三角洲地区改革发展规划纲要(2008—2020年)》 ●《项目完工报告》 ●利益相关者观点	案卷研究 互联网检索 省级座谈会

(续表)

评价准则	关键评价问题	评价指标	证据	证据来源	证据收集方法
			(5) 目前西江内河货运运价约为0.07元/吨公里，铁路运价是水运的4倍，公路运价是水运的7倍。此外，水运的污染很小 (6) 佛山"2+5远景规划"中指出：依托中心组团内的三山港区和九江龙江组团内的区域性现代物流基地，形成2个市级区内，包括乐从专业市场与九江物流中心、陈村专业市场、西樵物流中心、容桂物流中心、金本物流中心、大沥专业市场和盐步物流区、南庄专业市场、大旺物流中心、伦教物流中心、高明港区物流中心		
效率性	2.1 项目是否按照计划的开工时间、周期实施并完工	2.1.1 项目开工的及时性	项目预计开工时间为1998年12月，项目实际开工时间为1998年8月，项目推迟4个月开工，因国际金融组织贷款项目的审批时间较长，中方早已提前准备，从1997年就抽取其中10公里的河道作为实验工程段。1998年12月，世界银行贷款资金和国内配套资金到位，才正式开始动工	《项目评估文件》 《关于西江下游(肇庆至虎跳门)航道整治工程竣工决算的审查意见》(粤交造价[2008]61号) 利益相关者观点	案卷研究 省级座谈会
		2.1.2 项目实际实施周期和预期的相符程度	项目预计实施周期为1998年8月至2005年6月，项目实际实施周期为1998年12月至2006年3月，原计划的实施周期为82个月，实际实施周期为87个月，超出预计的时间有7%，主要原因有两个：①1998—1999年西江遭遇重大洪水灾害，导致工程的更改和延误；②C14项目需要征地附近的一个市输水管网，按照规定在输水管网上游1 000米下500米内不允许新的建筑，所以需要重新修选址，因而延误了工期	《项目评估文件》 《项目中方完工报告》 《关于西江下游(肇庆至虎跳门)航道整治工程竣工决算的审查意见》(粤交造价[2008]61号) 《西江下游沙仔岛的航道初验材料》	案卷研究 省级座谈会

（续表）

评价准则	关键评价问题	评价指标	证据	证据来源	证据收集方法
	2.2 项目是否按照计划的资金预算实施	2.2.1 预算资金到位率	项目总预算为16 658万美元，其中广东省自筹资金9 658万美元，使用世界银行贷款7 000万美元；在项目实施过程中，交通部配套资金及广东省自筹资金已经全部批复，并按财政年度准时发放	•《项目评估文件》•《关于西江下游（肇庆至虎门）航道整治工程竣工决算的审查意见》（粤交造价[2008]61号）•《关于莲沙容水道航道整治竣工决算的审查意见》（粤交造价[2008]33号）	案卷研究省级座谈会
		2.2.2 资金实际使用与预算的相符程度	世界银行贷款资金7 000万美元，节省资金4 688.61万美元，实际支出资金2 311.39万美元，节省33.02%；中方配套资金9 658万美元，实际支出资金7 487.66万美元，节省22.47%；项目总投入资金16 658万美元，实际支出资金12 176.27万美元，节省26.90%		
	2.3 项目是否实现了所有的预期产出	2.3.1 项目土建项目部分产出的实现程度	(1) 整治肇庆—虎跳门航道，加深、加宽、裁弯切嘴（宽100米，深6米，弯曲半径650米，使之通航3 000吨海轮 (2) 整治莲沙容航道，加深、加宽、裁弯切嘴（宽80米，深4米，弯曲半径500米，使之通航肇庆—虎跳门航道建107个航标（48个水标，59个岸标），在莲沙容航道建58个航标（19个水标，39个岸标），同时建设中心控制站和遥测系统 (4) 改建航道维护站，改建莲沙容航道肇庆和江门两个航道站，改建肇庆—虎跳门航道陈村和容奇两个维护站	•《项目评估文件》•《项目完工报告》•利益相关者观点	案卷研究省级座谈会

（续表）

评价准则	关键评价问题	评价指标	证据	证据来源	证据收集方法
			(5)码头建设：在肇庆、虎跳门航道的陈村和奇其建设4个码头用于停泊航道工作船 根据《项目完工报告》，全部土建项目已经按照计划建设完成		
		2.3.2 项目设备采购部分产出的实现程度	航道疏浚设备：耙吸式挖泥船 航道工作设备：航标工作船、航道工作船、快艇 航道维护设备：为4个航道站采购4套维护设备及维修充电设备 其他通信设备：电话通信网络系统、全球定位测量系统、交通车 根据《项目完工报告》，已经全部按照计划采购完成	•《项目评估文件》 •《项目完工报告》 •利益相关者观点	案卷研究 省级座谈会
		2.3.3 项目咨询服务与培训部分产出的实现程度	(1)开发管理信息系统：开发软件，采购硬件，建立新的数据库 (2)助航设备开发研究：为在拥挤的人口处设置助航设备进行咨询研究 (3)国内外考察培训：国内188人次，国外197人次，内河航道管理、环境监测和保护、规划发展、投融资、航道建设和维护、设计和施工监理、采购合同、财务管理、经济评价、项目管理等。 包括内河航道发展、融资、航道管理、环境监测和保护、规划、航道建设和维护、设计和施工监理、采购合同、财务管理、经济分析和评价、项目管理等。 因为采用新的数据库和次数超出原计划，所以项目的培训人数和次数超出原计划，费用也比预期要高一些	•《项目评估文件》 •《项目完工报告》 •利益相关者观点	案卷研究 省级座谈会

(续表)

评价准则	关键评价问题	评价指标	证据	证据来源	证据收集方法
	2.4 项目完工后是否达到预期的经济内部收益率	2.4.1 项目经济内部收益率的实现程度	项目预期的经济内部收益率为21%,项目实际的经济内部收益率为14.2%,低于项目预期的收益率,实现程度为67.6%。造成的原因:一是经济成本的提高,二是整个工程延迟完成	•《项目评估文件》 •《项目完工报告》	案卷研究
效果性	3.1 项目是否实现了预期的目标	3.1.1 项目是否实现了船舶大型化的目标	原来通航船只的情况: 肇庆—虎跳门航道主力船型以1 000吨、2 000吨货船,1 000吨多用途集装箱船,1 000吨江海轮、海轮,1 000吨砂船为主。300吨以下的船基本在1 000吨以下的船型为主,机动驳、机动驳顶推和拖驳船队,船型吨位不大,船型老旧,专用船发展缓慢,船队技术装备水平较低,营运效率和效益差。非钢质船只占很大比例。 现在通航船只的情况: 目前西江下游主力船型以1 000吨、2 000吨货船,1 000吨多用途集装箱船,1 000吨江海轮、海轮,1 000吨砂船为主。300吨以下的船逐渐被淘汰。近三年来建造的船舶基本在1 000吨级及1 000吨级以上。连沙各水道目前主要船型以500吨级为主,部分为1 000吨级船型,但是数量不多。近年来,因为西江下游航道的整治和通航条件的改善,已经开始逐步淘汰小船,新造的船最小为800吨的,一般都为1 500吨以上的船,并且计划建造3 000吨以上的大船	•《项目评估文件》 •《项目完工报告》 •《中方初步完工报告》 •利益相关者观点	案卷研究 省级座谈会

(续表)

评价准则	关键评价问题	评价指标	证据	证据来源	证据收集方法
			肇庆—虎跳门航道状况： (1) 加深、加宽、裁弯切嘴（宽100米，深6米，弯曲半径650米）通航3 000吨海轮 (2) 通过推广应用航标遥测遥控技术，船舶全球定位技术等，建立航道管理数据库系统，逐步完善以电子地图为基础的航道地理信息系统，建成一套布局合理、功能齐全、技术先进、服务优质、管理高效，适应内河航运现代化要求的航道支持保障系统 (3) 西江航道的效益得到提高，水路运政执法行为得到规范，同时水路运输方面的经营行为对得市场，建立了公平、开放、竞争、有序的运输市场，做到了货畅其流。运输企业经过资质评审后，加强了内部安全生产管理，提高了竞争力和抵御经营风险的能力，船舶运输经营活动得以迅猛发展，货运量不断上升 (4) 港口吞吐量由年120万吨增加至年300万吨，通过大量低成本的船舶运输，可把肇庆的砂石建材、农副产品等大量运往珠江三角洲，把煤炭、饲料等原材料及时运回，真正发挥西江这条"黄金水道"的作用 莲沙容航道状况： (1) 加深、加宽、裁弯切嘴（宽80米，深4米，弯曲半径500米），通航1 000吨海轮 (2) 航标故障发现由7天缩短到10分钟，年巡航次数减少75%，日常维护成本减少，航标管理工作效率提高	•《项目评估文件》 •《项目完工报告》 •《中方初步完工报告》 • 利益相关者观点	案卷研究 省级座谈会 互联网检索
		3.1.2 项目是否实现了改善内河运输基础设施状况的目标			

(续表)

评价准则	关键评价问题	评价指标	证据	证据来源	证据收集方法
		3.1.3 养护效率和养护质量	(1) 内河二项目完工后,采取新的航标和全球定位系统,故障发现时间由7天缩短到10分钟,年巡航次数减少75%,日常维护成本大大减少,事故的发现非常及时得到极大的提高,航标管理的工作效率 (2) 新购买的1 000吨级挖泥船大大提高了疏浚的效率,可以比以前更快地解决航道回淤的问题。新购买的快艇则大大提高了巡航的效率 (3) 新型的丁坝设计减缓了河道回淤的速度,减轻了航道维护的负担	《项目评估文件》 《项目完工报告》 《中方初步完工报告》 利益相关者观点	案卷研究 省级座谈会
		3.1.4 项目是否实现了提高成本效率,减少政府补助的目标	(1) 从2008年12月18日开始,国务院取消了公路养路费、航道养护费、公路运输管理费、公路客货运附加费,水路客货运管理费和水路客货运附加费,对已审批的政府还贷二级公路收费有存取消的政府财政给予全额拨款 (2) 航道的维护费用由广东省财政拨款	《项目评估文件》 《项目完工报告》 《国务院关于实施成品油价格和税费改革的通知》 《中方初步完工报告》 利益相关者观点	案卷研究 省级座谈会
		3.1.5 项目是否实现了提供更高效、生产能力更强的内河运输服务的目标	连沙客航道年运输能力已达505.0吨: (1) 连沙客航道运输成本由82.4元/吨公里,减少了13%;肇庆一虎跳门航道运输成本由148.8元/吨公里减少到118.4元/吨公里,减少了20% (2) 2005年西江干线跨省运输船舶平均吨位为371吨,2006年,2007年分别为436吨和520吨,运输船舶大型化的速度超过历史上任何时期	《项目评估文件》 《项目完工报告》 《中方初步完工报告》 利益相关者观点	案卷研究 省级座谈会

（续表）

评价准则	关键评价问题	评价指标	证据	证据来源	证据收集方法
			（3）水路、铁路、公路单位能耗能比为 1：1.25：5，通过提高水路货运量，减轻了铁路、公路的货运压力，同时也减少了平均的单位能耗。已经基本实现当时所订立的目标		
		3.1.6 沿线港口吞吐量	（1）广州港 2007 年吞吐量是 37 053 万吨，比上一年增长 11.43%；佛山港 2007 年的吞吐量是 4 985 万吨，比上一年增长 12.86%；肇庆港 2007 年的吞吐量是 766 万吨，比上一年增长 29.17%；江门港 2007 年的吞吐量是 4 033 万吨，比上一年增长 21.55% （2）西江下游航道整治完工后的 2005 年货运量为 2 078 万吨，整治前的 1994 年货运量增长到 7 980 万吨，整治前后货运量年均增长速率为 13% （3）连沙答航道整治完工后的 2005 年货运量为 1 800 万吨，整治前的 1994 年货运量增长到 4 612.5 万吨，整治前后货运量年均增长速率为 9%，整治完工的 2.5 倍	●《项目评估文件》 ●《项目完工报告》 ●《中方初步完工报告》 ●《广东年鉴（2008）》 ● 分析报告 ● 利益相关者观点	案卷研究 省级座谈会
		3.1.7 项目是否实现了机构改革的目标	（1）为了配合内河二项目，广东省航道局升级为副厅级单位，并成立了专门机构对世界银行项目进行管理。航道基础设施建设管理等单位由省航局下属的设计、施工、监理单位实施，省基建处负责项目实施过程中的监督、管理工作	利益相关者观点	省级座谈会

（续表）

评价准则	关键评价问题	评价指标	证据	证据来源	证据收集方法
			(2)采用世界银行规范管理体系,引进了土建工程的国际竞争性招标机制,以及伴随这种招标方式的采用而规范和完善的工程监理和合同管理制度。世界银行面帮助项目的实施从体制、观念及理念、管理、政策等层面全面提升。此外,还成立了东莞、珠海、西江、韶关、南沙等五个新的航道局,直接受省管理局管理,进一步完善了广东省的航道管理系统,推动了广东省航道事业的发展			
	3.2 项目的实际受益群与项目目标受益群体是否一致	3.2.1 项目目的瞄准度	(1)项目的目标受益群体:航运企业、两岸居民、地方航道部门、沿线港口、港务部门、交通部门 (2)项目的实际受益群体:基本为航道部门。其中,航运集因受益最大,其运营成本得到了极大的降低,带来了内河航道运输的复苏	《项目评估文件》 《项目完工报告》 《中方完工报告》 利益相关者观点	案卷研究 省级座谈会
可持续性	4.1 项目的管理和/或运行机构设置、人力资源、经费资源是否满足项目持续运行的需要	4.1.1 项目运行机构的可持续性	(1)通过执行世界银行项目,广东省航道局锻炼了一批既懂业务又熟悉世界银行程序的人才 (2)世界银行项目也通过航道管理水平和人员素质的提高。世界银行贷款项目的实施,为航道基础设施管理搭建了一个较高的平台 (3)世界银行项目管理办公室的经费来源于财政厅,由财政厅拨给交通厅,然后转给航道局,由航道局计划部门统筹分配支付,有良好而稳定的来源保证	《项目评估文件》 《项目初步完工报告》 利益相关者观点	案卷研究 省级座谈会

044

（续表）

评价准则	关键评价问题	评价指标	证据	证据来源	证据收集方法
4.2 项目产出能否得到持续的维护和利用		4.2.1 基础设施的持续利用	本项目整治的航道、工作站、码头等运行情况良好，吸引了一大批企业落户航道沿线两岸，如华润水泥、天山水泥、海螺水泥、珠江货运、云浮新港、肇庆新港、云浮发电厂、恒益发电厂、南海发电厂等	《项目完工报告》《中方初步完工报告》	案卷研究 省级座谈会 面访相关机构
		4.2.2 基础设施的维护	项目涉及的航道、航道站、航标、码头等基础设施的维护情况良好	《项目完工报告》《中方初步完工报告》	案卷研究 省级座谈会 面访相关机构
		4.2.3 航道设备的持续利用	（1）项目采购的耙吸式挖泥船、航标船、航道工作艇、快艇、交通车等投入使用后，为项目的持续运行提供了保障 （2）该项目为西江航道局新购置了航标船"粤标313"，该船功率大，设有起吊设备，遇到浮标翻沉、失常时在快速处理方面有很大的作用 （3）南沙航道局为该项目购置的1 000吨级挖泥船从购置至今，除去保养和补给时间接近5 000小时。该设备功能先进，并且反应速度很快，工作效率也很高	《项目完工报告》《中方初步完工报告》 利益相关者观点	案卷研究 省级座谈会 面访相关机构
		4.2.4 航道设备的维护	项目采购的耙吸式挖泥船、航标船、航道工作艇、快艇、交通车等设备的维护情况良好	《项目完工报告》《中方初步完工报告》 利益相关者观点	案卷研究 省级座谈会 面访相关机构

（续表）

评价准则	关键评价问题	评价指标	证据	证据来源	证据收集方法
		4.2.5 信息系统的维护与更新	(1) 新引进的全球定位航标系统，可以对航标进行遥测遥控，在办公室实时利用电脑或者手机就可以随时对航标的实时情况进行查询或者检查，极大地提高了巡查的准确度和时效性，同时也节省了巡查的成本 (2) 新引入的办公自动化系统，大大提高了内河运输管理工作的效率	《项目完工报告》《中方初步完工报告》利益相关者观点	案卷研究 省级座谈会 面访相关机构
4.3 项目制定的政策、制度和/或项目运行所依赖的政策、制度能否得到持续实施	4.3.1 优先发展内河航道政策的持续性	(1) 2004年，广东省政府印发了《广东省内河航运发展规划》（粤府〔2004〕104号），明确提出到2010年的建设目标，其中规划实施的24项航道重点建设项目至2008年底已实施21项 (2) 目前正在开展下一轮内河航运发展规划（2008—2020年）的编制工作，广东省内河航运通过实施一系列加快内河航道建设明显加快，航道改革，广东省的改善措施，推动了内河航道沿线产业带的加快形成和外向型经济的发展	《项目评估文件》《项目完工报告》国家和地方的相关政策《广东省内河航运发展规划》利益相关者观点	案卷研究 互联网检索 省级座谈会
4.4 项目贷款（包括国际金融组织贷款和国内贷款的偿还）是否能够按时偿还	4.4.1 项目贷款还款的及时性	项目每年应还贷款金额，项目实际每年还款金额，根据ICR2004—2009年实际还款情况，项目还款来源为省交通厅安排专项经费还贷，来源稳定	转贷协议 当地财政部门 《项目完工报告》	案卷研究 省级座谈会

四、评价结论

1. 项目评级

评价小组基于项目信息的分析及评价,项目被评为"非常成功"。评价结果如表 3 所示。

表 3　项目评价等级

评价准则	绩效评价
相关性	高度相关
效率性	高
效果性	非常满意
可持续性	良好
综合绩效	非常成功

（1）本项目实施前后均与世界银行对中国在内河运输交通领域的援助战略、中国内河运输交通战略和政策高度相关,应民所需。针对项目所涉及的内河运输交通发展问题,几乎所有的利益相关者都给予了充分的肯定。

（2）本项目完成了预期的产出、综合项目实施周期、资金使用、产出效率及经济内部收益率等方面的评价,项目总体效率较高。

（3）通过本项目的实施,航道通航等级得到了提高,通航环境进一步改善,船舶的大型化水平提高,航道的货运量及沿岸港口吞吐量得到快速增加,当地铁路和公路的交通压力进一步缓解,由此带来的当地及腹地经济的增长,促进了泛珠江三角洲区域的经济发展,项目效果和社会效益显著。

（4）项目机构、产出的运行与维护保障可靠,政策等方面的可延续性强,贷款能够按时偿还,项目具有良好的可持续性。

2. 经验教训

项目的实施,对广东航道系统在理念、体制、管理、政策等层面产生了积极而深远的影响。本项目的建设为同类项目提供了重要的经验。

（1）世界银行在项目前期准备阶段对项目可行性进行全面、深入、系统的论证,强调项目管理机构的重要性,关注项目执行对环境、社会等可能产生的综合影响。本项目的成功实施,引领了航道建设项目前期准备的规范化,理顺了项目管理思路,促进了广东省航道建设管理理念由事后控制向事前控制的转变。

（2）本项目利用的世界银行贷款是广东省航道建设首次引进外资，改变了广东省航道建设单一的融资平台模式，拓宽了广东省航道建设的融资渠道，加快了广东省航道开发建设的步伐。同时，通过利用世界银行贷款，促进了国内配套资金的规范化管理，保证了工程的顺利实施。

（3）项目招标在广东省航道建设中首次采用国际竞争性招投标方式，选择优质的承包商，为工程高效、顺利地实施打下坚实的基础。在本项目的实施过程中，世界银行招标采购机制的引入，有力地推动了广东省航道的建设招标采购工作朝着公开化、规范化的方向迈进。世界银行科学、系统的管理理念，逐步扩散和推广到使用国内资金支付招标采购和项目管理中，对提升国内项目的管理水平起到了积极作用。

（4）本项目中航道整治难度在国内外都相当大，项目在实施过程中进行的诸多航道技术研究，解决了很多技术难题，积累了丰富的航道整治经验。项目的成功实施为珠江三角洲高等级航道网建设从技术上提供了系统的实践经验和理论基础。

（5）西江下游航道、莲沙容航道航标遥测遥控系统被列为国家交通部数字示范工程，该系统为实现航标管理的现代化、标准化、信息化和智能化奠定了良好的基础，为船舶航行提供了畅通、便捷、安全的通航环境。广东省基于该系统，制定了《广东省航标遥测遥控系统技术规范》，将逐步在全省的7 000多座航标上全面推广应用，发挥其良好的示范效应。

（6）通过世界银行贷款项目的实施，世界银行政策的系统效应、累积性影响已经产生。广东省航道系统依托世界银行贷款项目的实施平台，借鉴吸收了其管理中的精细化、科学化元素，改进了管理方式，提升了航道的综合管理水平，促进了航道事业的可持续发展。

本项目的建设也为同类项目提供了如下启示：

（1）航道建设要经过一段时间的运行后才能突显出它的社会和经济影响，部分地方政府对航道的综合效益认识不够，存在"重路轻水"的现象，不利于项目实施过程中的资金筹措。

（2）尽管本项目已经达到了预期目标，但在广东省乃至中国经济飞速发展的十余年间，航道发展仍滞后于经济发展的要求，未发挥出内河运输的优势及巨大潜力。

（3）由于我国市场经济发展起步较晚，市场竞争体系还不完善，诚信体制还不健全，世界银行项目采购中推行的最低评标授标原则无疑加大了项目实施时业主的管理难度。

综上，为推进项目实施有如下建议：

（1）建议有关政府部门大力宣传航道建设，增强地方政府对航道建设的重视程度，拓宽航道建设的资金筹集渠道，加大航道建设的资金投入，通过航道的改善促进当地经济的增长，最终形成良性的经济循环效果。

（2）建议加强内河航运的发展规划及航道维护力度，为内河航运的可持续发展提供有力的保障，促进经济的可持续发展。

（3）建议世界银行在推行其规范的招标采购与项目管理体系的同时，结合我国当前实际，以经济性和效率性为首要原则，将世界银行各项政策灵活、系统地加以运用并融合到项目管理中，推动项目高效地实施。

（4）建议在绩效评价工作中加强对项目管理方面的评价，引导项目实施单位加强管理，推进世界银行先进管理制度的扩散，提高国内项目管理水平，促进项目绩效评价工作落到实处。

（5）建议强化绩效评价结果的扩散与应用，推动项目管理单位和执行机构提高项目管理水平，扩大绩效评价在决策、执行、应用等各层面的影响范围，发挥绩效评价良好的示范效应。

结　论

世界银行贷款内河二项目（广东省）绩效评价是财政部国际司对国际金融组织完工项目进行绩效评价探索的案例。财政部国际司借鉴了国际金融组织的评价理念及评价逻辑，尝试建立完工项目的绩效评价框架，为已完成公共项目的绩效评价提供了实践经验。

目前，我国对公共财政支出的绩效管理正处于探索阶段。应用不同的绩效管理理论和管理工具将形成不同的绩效评价体系。对基于不同绩效评价方法的成功的绩效评价案例，我们可以通过对比分析，思考其应用的条件及其成功应用的因素，这将有助于在实践中选取合适的绩效评价工具开展绩效评价活动。

案例使用说明

一、教学目的与用途

（一）本案例的适用课程

主要适用于"政府绩效评价"课程。

（二）本案例的教学对象

公共管理硕士（MPA）。

（三）本案例的教学目标

1. 了解评价准则所依赖的管理逻辑。
2. 掌握逻辑模型的使用。
3. 了解指标体系的设置。

二、启发思考题

1. 请画出本案例中项目的逻辑模型。
2. 分析逻辑模型中结果链实现依赖的前提和需要控制的风险。
3. 依据逻辑模型重新构建评价指标体系。
4. 思考该评价活动可以成功开展的前提条件。

三、分析思路

1. 根据本案例的信息，总结"投入—活动—产出—成效—目标"的内容，画出符合逻辑模型要求的结果链。

2. 根据本案例的信息及自身的知识经验，对结果链中的每个环节赖以实现的前提进行识别，认识结果链能够形成"链条"的关键控制点。

3. 根据分析出的逻辑模型，重新构建评价指标体系。

4. 评价活动的顺利开展与其制度安置有关。以评价需要开展的活动为切入点，结合现实情况，思考该评价体系顺利进行的制度性、机构性等方面的条件。

四、理论依据与分析

1. 本案例采用逻辑模型方法，对项目的"投入—活动—产出—成效—目标"结果链进行分析，并确定结果链实现目标的前提和风险。

2. 把握合理指标的特点,即指标的相关性、效率性、效果性和可持续性;对指标体系进行重构或补充。

五、关键点

1. 对"投入—活动—产出—成效—目标"结果链的准确把握。

2. 对指标设计方法的掌握。

六、建议课堂计划

1. 课前准备:掌握逻辑模型方法。

2. 分组讨论任务:

(1) 画出结果链并确定其实现的前提和风险,并以此设计评价指标体系;

(2) 讨论评价活动可以顺利开展的前提条件。

3. 课堂讨论:展示分组讨论的结果,以检验各组对逻辑模型、指标设计等基本知识的掌握,以及开展评价活动制度设计的思考。

枣庄市港航局力龙协同政府绩效管理系统*

张相林　吴余龙

摘　要：力龙协同政府绩效管理系统（Government Performance Management System，GPMS），是基于政府绩效管理关键指标模型（KPI）的信息系统。通过绩效指标分解、数据采集、统计分析等技术，对绩效战略与目标、绩效计划与下达、绩效反馈、绩效结果与应用等过程实行信息化管理。通过该系统的实施，考核方式从只考核结果转变为过程与结果相结合，使政府领导及时了解和掌控各绩效责任单位的工作完成情况，在促进管理理念创新、提高工作效率、节约行政成本等方面都将起到显著的推动作用。

关键词：力龙公司　政府　绩效指标　绩效考核　绩效管理

枣庄市港航局绩效管理系统简介

近年来，枣庄市港航局立足本职，狠抓队伍建设，自2006年以来在开展作风建设年活动的基础上，推行精细化管理，管理模式逐渐由"粗放型"向"精细化"转变。2008年，山东省交通运输厅在全省交通运输系统实行了以标准化、规

---

* 本案例由中央财经大学政府管理学院张相林副教授和武汉力龙信息科技股份有限公司吴余龙董事长共同编写。案例版权归中央财经大学政府管理学院、枣庄市港航局、武汉力龙信息科技股份有限公司共有。该系统及相关案例经过作者加工和掩饰处理。

范化、集约化、人本化为主要内容的交通"四化"管理;枣庄市港航局在完善精细化管理模式的基础上,实施了交通"四化"管理。由于枣庄市港航局点多、线长、面广,基层单位分布在四区一市,管理难度较大。此外,随着"四化"管理的不断深入,不同部门和不同岗位的工作可比性不强、有些工作不易量化、考核的时效性不强,以及考核的公正性体现不足等深层次问题逐渐突显,考核难度随之加大。同时由于监督管理不到位,基层个别工作人员出现了廉政问题,致使单位日常工作受到影响,单位形象受损。为此,枣庄市港航局党委高度重视,开展多次研究,力求抓住突出问题,创新管理和考核方式,实现绩效考核电子化,最终研发出绩效管理系统来弥补人工管理的不足。

枣庄市纪委监察局对派驻机构实行统一管理后,上级派驻纪检组积极探索,创新监督方式,按照中共枣庄市委、枣庄市人民政府《关于对市纪委市监察局派驻机构实行统一管理的实施意见》和《枣庄市运用现代科技手段预防腐败实施方案》的要求,依托市港航局绩效管理系统,建立了电子监察平台,针对行政权力运行的关键环节,留下纪检组监督的痕迹,在工程建设、大额度资金使用、干部任免和人员招录、行政许可和规费征收等环节设置了监控点。同时,按照《枣庄市行政机关服务效能实时评价办法》的要求,构建了服务效能实时评价系统,促进了服务质量的提升和工作作风的转变,进一步推动了勤政廉政建设。

这套系统依托互联网平台,通过远程终端实现日常工作数据的填报、审核、查询、分析、考核和监督,从而对局属单位、职能科室及工作人员进行全程绩效管理。系统分两个层次,一是对局属单位的考核,二是对各个岗位和工作人员的考核。

1. 对局属单位的考核

局属单位全年的考核得分由五部分组成,即主要工作指标得分(即KPI得分,占50%)、"四化"巡查得分(占20%),服务对象满意度得分(占10%),民主测评得分(占10%),领导打分(占10%)。

(1)主要工作指标得分。①年初由市港航局党委会拟订全年的工作计划;②由市港航局绩效办(绩效管理监察考核工作领导小组办公室)将全年的工作计划进行分解,列出主要工作指标,然后通过系统下达各承办部门;③部门录入员每月对本部门的工作指标逐一填报;④部门负责人进入系统对本部门填报的工作数据进行初审,确认后再提交上传;涉及工程项目建设、大额资金支出、行政许可和规费征收、干部任免和人员招录等四项重点工作要向纪检组报送审核材料;⑤绩效办对该单位提交的工作数据进行复核打分,系统自动生成总的KPI分数,到年底乘以50%,就得出全年的主要工作指标得分。

(2)"四化"巡查打分。"四化"巡查涉及两项扣分。一是逐级考核扣分,是指局绩效办、部门负责人、部门分管副职和工作人员逐级进行评价打分,并对发现的问题进行扣分。二是巡查暗访扣分,是指通过以下四个途径进行扣分:①"四化"办从岗位履职、服务态度、环境卫生、工作纪律等方面进行不定期抽查,发现问题按规定扣分;②市港航局纪委对举报投诉、违纪行为、行政执法、服务质量、服务效率、政风行风建设等情况进行暗访,发现一般问题进行扣分,发现严重问题按规定处理;③按照《枣庄市行政执法机关和窗口服务单位行政服务规范》有关规定,进行视频监控,发现问题进行扣分;④纪检组不定期对重点工程、廉政工作进行巡查,同时反馈巡查结果,绩效办根据反馈意见对责任单位进行扣分。这样,局绩效办将以上巡查扣分每月输入系统,与逐级考核扣分合并再乘以20%,就是各部门的"四化"巡查打分。

(3)服务对象满意度得分。服务对象办理业务后,利用窗口的"服务对象满意度实时评价器",对窗口工作人员的服务效能进行实时评价,评价结果转换为分值并通过网络自动上传到系统,累积到年底再乘以10%,即各窗口单位的服务对象满意度得分。

(4)民主测评得分。年底市港航局进行民主测评,绩效办统计汇总各部门的测评分数,并通过"民主测评"窗口录入系统,自动乘以10%后得出各部门的民主测评得分。

(5)领导打分。年底市港航局班子成员对各部门的整体工作通过"领导打分"窗口进行总体评价,得出分值,系统自动乘以10%,得出领导打分。

综上,五个部分分值相加就得到了部门全年的综合得分,从而完成了对局属各单位的考核,系统自动排出名次。

2. 对各个岗位和工作人员的考核

(1)年初各单位按照市港航局拟订的本单位的工作计划,确定本单位每一名工作人员的目标任务,细化分解并量化成考核分值,由绩效办审核认可后形成个人考核卡。

（2）工作人员按照各自的考核周期，填写个人考核卡并得出自评分，然后输入系统。

（3）分管副职调出工作人员的考核卡，对其工作进行评价打分后，连同自己的考核卡一起上传，接受部门负责人的考核。

（4）部门负责人从系统调出分管副职的考核卡对其工作进行评价打分，完成后上传自己的考核卡接受局绩效办的考核。

（5）绩效办对部门负责人的工作进行评价打分，同时监督该部门对工作人员的考核过程，如发现问题则予以扣分。

通过这套绩效管理系统，市港航局分散的工作区域转而集中到同一管理平台上，切实提高了管理水平，增强了领导对整体工作的掌控能力，使考核更加客观公正，决策更加科学可行。

电子监察系统

上级派驻纪检组以市港航局绩效管理系统为载体，以监督权力运行为重点，不断强化科技防腐，不断提升惩防体系建设的科学性、实效性，探索出一条"人机结合、科技防腐、内外监督、源头防范"的新路子。电子监察系统分为六个层次：

1. 及时掌握市港航局整体工作情况

上级派驻纪检组通过浏览考核指标，及时了解和掌握市港航局相关职能科室及局属各单位的工作情况。

2. 远程实时监控

上级派驻纪检组通过监察系统中的远程视频监控，对市港航局审批服务窗口、船闸、水上检查站等重点岗位和执法人员的服务效能、服务质量、执法检查和廉洁勤政等方面进行远程实时监督。对于监督过程中发现的不规范服务行为，实时在系统中反馈意见，对相关部门进行扣分。

3. 服务效能实时评价

按照《枣庄市行政机关服务效能实时评价办法》和《优化经济环境专项治理年活动督导检查办法》的要求，对审批服务窗口的服务效能满意度进行实时评价,并将服务窗口工作人员的照片、姓名、联系方式、问候语、保密提示及评价标准都记录在系统内。服务对象根据工作人员的服务态度、服务质量、办事效率和廉洁勤政的表现,轻点触摸屏就可以完成评价。评价等级分为满意和不满意,评价结果满意率将直接在监察系统中反映出来,这样一来既方便了服务对象对工作人员进行测评,又可让纪检组及时得到预警信息,促使工作人员自觉提高服务质量和工作效率。

4. 四项重点工作监督

主要监督工程项目建设、大额度资金支出使用、行政许可和规费征收、重要人事任免和人员招录四项重点工作。相关职能科室将四项重点工作的开展情况通过表格、文字、图片、视频等形式在网上向纪检组报送,纪检组登录系统时,通过右下角的消息提示,查看单位报送的审核材料,进行网上审核,必要时实地审查,在系统中实时向市港航局反馈审核意见。如果相关工作未按规定程序办理,纪检组审核不通过,相应的工作不能进入到下一个流程。市港航局绩效办根据纪检组的审核意见按相应指标对部门进行扣分。对于严重违纪违法现象,纪检组将按规定程序予以处理。

5. 实地巡查

纪检组对一些需要实地查看的重大项目、重要工作及服务窗口,不定期进行实地巡查,将发现的问题及时向市港航局进行反馈,并把巡查结果发布在网上监察系统信息中心。

6. 廉政教育园地

上级派驻纪检组在电子监察系统中开辟了廉政教育园地,包括廉政文化、警钟长鸣、反腐倡廉教育三个板块。纪检组及时发布反腐倡廉动态信息,进行廉政宣传教育,在廉政教育平台上推出廉政公益广告、廉政书画作品专栏,展示各类廉政文化图片及警示教育片。这套系统通过对管理对象实施全过程考核,动态反映责任单位的工作现状并实时作出评价,建立起具有港航局独特个性的、科学的考评机制。将网络技术与纪检监察工作相结合,将超前防范、动态监督和硬性约束相结合,变事后监督为全过程监督,变静态监督为动态监督,这拓展了监督检查的领域和视野,提升了监督检查的整体效能,促进了港航系统工作效能的提升和党风廉政工作的开展。

政府绩效管理系统的设计

2006年9月4日,国务院召开全国电视电话会议,部署加快推进政府职能转变和管理创新工作。会上,温家宝总理进一步强调指出,"绩效评估是引导政府及其工作人员树立正确导向、尽职尽责做好各项工作的一项重要制度""要科学确定政府绩效评估的内容和指标体系,实行政府内部考核与公众评议、专家评价相结合的评估办法,促进树立与科学发展观相适应的政绩观""要抓紧开展政府绩效评估试点工作,并在总结经验的基础上逐步加以推广"。

自2006年中央提出在政府机构中开展政府绩效管理以来,我国很多地方政府先后开展了该项工作,政府绩效管理对提高政府绩效发挥了极为重要的作用。本案例主要介绍力龙公司的政府绩效管理系统。通过该系统的实施,考核方式从只考核结果转变为过程与结果相结合,使政府领导及时了解和掌控各绩效责任单位的工作完成情况,在促进管理理念创新、提高工作效率、节约行政成本等方面都将起到显著的推动作用。

一、政府绩效管理的定义

政府绩效管理是指政府在履行其经济调节、市场监管、社会管理和公共服务四大职能的过程中,对内部制度与外部效应、数量与质量、经济因素与伦理因素、刚性规范与柔性机制等方面,以公共产出最大化和公共服务最优化为目标实施的一种全面管理。

对政府绩效进行评估,是规范行政行为、提高行政效能的一项重要制度和有效方法。

二、系统设计思想

绩效考核管理系统的开发和实施,应遵循稳定性、先进性、开放性、实用性、安全性、符合国际标准的原则。系统设计不但要保证国内领先,而且要保证国际先进。

(1)稳定性。服务器采用高可靠性的容错技术,成熟稳定的操作系统、数据库、网络协议、中间件等,保证系统能长期稳定地不间断运行。

(2)先进性。基于关键指标的政府绩效考核思想,采用国际先进的体系结构、互联网技术以及先进的电子政务模式,将应用系统建设成中国一流的电子政务平台。

（3）实用性。系统应结合国际先进的开发经验和中国具体国情,设计真正具备实用价值并能马上获得实效的软件应用模型。系统应易于操作和使用。

（4）开放性。系统具备可操作性、可扩展性及兼容性,满足可扩展标记语言（XML）,可以将各种格式的信息集成在电子政务中心平台上。

系统总体架构

一、业务结构图

系统是政府部门进行绩效考核工作管理的平台。其中,目标办进行绩效目标的定制,形成考核指标库,作为绩效考核的依据。各绩效责任部门采用数据填报的方式,进行数据上报;有内部业务系统的,可通过数据采集接口采集业务数据。经过数据审核后,进入业务数据库。系统按照考核周期和各考核阶段,对数据进行分析和预警。考核期末,由目标办组织进行第三方评估、综合加减分和领导打分。所有考核数据通过数据展现界面以图表方式予以呈现（见图1）。另外,考核结果可通过政府门户予以发布,以供公众和第三方进行查看。

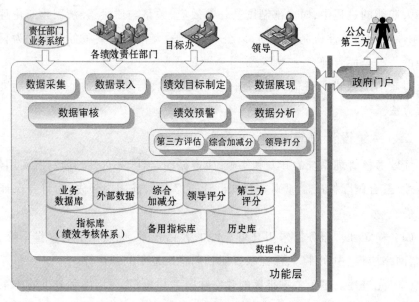

图1　业务结构图

二、技术架构图

系统搭建在政务外网或政务专网上。以考核指标库、备用指标库、业务数据库、历史库、外部数据库等为基础数据库，以 Lilosoft. CoSpace v2008 为底层架构，以 Lilosoft. PA Framework 为业务类库。系统的功能模块包括绩效考核管理、数据录入、数据分析等，并与政务网上的电子政务应用系统和互联网上的政府门户网站组成数据接口，实现指标下达、数据上传、统计信息查询、第三方评价等功能。如图 2 所示。

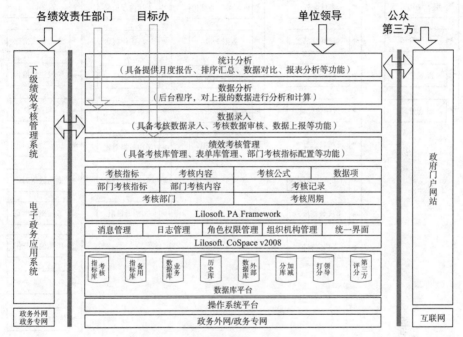

图 2　技术架构图

三、系统功能结构图

系统共有绩效考核管理、数据录入、数据分析、绩效预警、统计分析、文档资料柜、系统管理七大功能模块。首先由绩效办管理员在绩效考核管理功能中对考核指标进行配置；然后由各部门的绩效数据录入员对各部门的指标进行填报和审核，在填报过程中，可以通过绩效预警功能来实时了解本部门当前的工作完成情况；在填报和审核工作完成之后，系统将自动启动数据分析功能对填报的数据进行分析和计算，以得出各指标的月度得分、年度得分、部门得分等数据，最后就统计分析功能通过表格或图形化的方式进行展示，如图 3 所示。

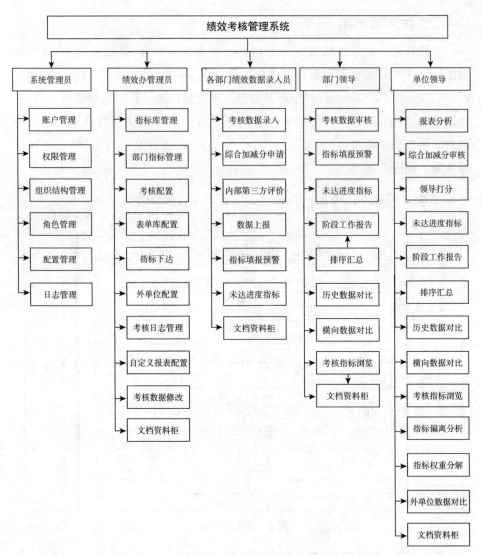

图 3　系统功能结构图

四、系统部署图

系统部署在用户单位机房（不具备条件的也可托管到信息中心机房），搭建在政务外网或政务专网上。系统规划有业务应用服务器、数据服务器和数据采集服务器（可选）。用户通过政务网进行访问，完成数据录入、数据采集、数据交换和数据查询等步骤。具体部署情况如图 4 所示。

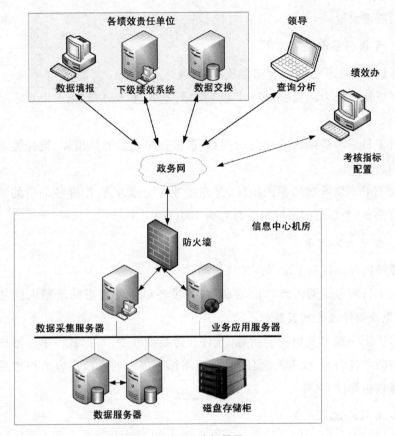

图 4 系统部署图

系统的功能介绍

一、指标配置管理

进行 KPI 指标逐级分解，完成指标配置工作，指标配置管理将完成三级指标的对应分解。

考核配置管理提供了用于实施绩效考核管理的体系配置，包括考核指标、考核内容、责任人及权重分配、绩效评价的计算方法、数据采集和考核周期等内容的集中配置。

1. 指标管理

指标管理包括考核指标配置、考核内容配置、责任人配置、指标配置验证等方面的管理设置。

2. 考核指标配置

考核指标配置基于选择的考核周期。

考核指标分为三级:1级(市级)指标,2级(区级)指标,3级(局、单位)指标。

对于目前考核期内或以前的期数,提供各单位的考核指标、指标类型及权重的列表显示。

对于下一期考核周期的指标,允许在考核期开始前,配置各部门的考核指标及权重,一个部门的指标权重总和为100(%)。

3. 考核内容配置

考核内容配置基于选择的考核周期。

对于目前考核期内或以前的期数,提供各单位考核指标范围内的考核内容、权重及责任人的列表显示。

对于下一期考核周期的指标,允许在考核期开始前,配置各单位考核指标范围内的考核内容、权重及责任人,一项指标范围内的考核内容的权重总和为该项考核指标权重(%)。

4. 责任人配置

根据选择的考核周期,可对具体单位的人员进行与考核内容的关联,并支持对其人员的工作量系数、工作难度系统的设定。

5. 指标配置验证

当下个考核周期的考核指标、内容、责任人配置完毕后,系统应支持对指标配置的有效性、完整性验证,以保障下个考核周期绩效考核的可行性。

二、绩效评价

绩效评价包括用于考核方法和数据项的配置管理功能。

对于考核方法的配置,系统能提供对具体单位、考核指标、考核内容的考核计算公式设定。

三、数据采集

数据采集提供数据项的采集和数据项来源的采集方法。数据项根据考核公式来分析,绩效办管理员根据绩效办考核计划来提供配置项和数据采集项,并与局级绩效考核平台进行挂钩。

数据输入平台提供各级单位填报的关键考核指标的完成情况,对有局级绩效考核系统的单位,直接从系统中进行数据采集。

数据输入是业务处理的集中展现,能向各政府单位提供考核指标、业务内容的录入通道,该环节的目的在于体现工作过程痕迹和工作内容记录。同时,数据输入还应包括第三方评价得分、综合性加减分评定、督办工作完成情况得分、配合工作完成情况得分、领导评分等与绩效体系相关的输入功能需求。

业务数据输入则面向政府单位,提供关键指标内容的输入,允许对特定内容录入带格式的文字内容,并支持附件上传功能,从而完善业务内容。

四、第三方评价

根据第三方评价考核方法,对数据进行收集和统计。

1. 综合性加减分评定

由政府绩效工作专班制定全局综合性加减分标准,告知各考核单位,有获得加分因素的部门应在绩效目标考核期间向区绩效工作专班提出书面申请,并提交相关纸质、声像和视频证明材料,由工作专班统一汇总报局绩效工作领导小组审定后,直接记入本单位总分;有减分行为的,由有关部门向工作专班提出扣分建议,报领导审定,直接在本单位总分中扣除。

系统功能要求为,系统能实现对部门的加减分操作,必须从列表中选择加减分项,由系统自动进行加分项、减分项的求和,最后以列表形式展现。

2. 领导评分

部门领导直接考评打分,是指区领导根据平时分管工作所掌握的情况,直接对分管的单位打分,体现了领导的权威及其对分管单位的满意度。

3. 数据与得分统计分析

对各单位的绩效指标完成情况进行统计分析,并对应区级绩效考核指标,形成政府绩效考核工作的整体评价。

数据与得分统计是业务工作数据和完成进度的统计体现,包括各部门录入的业务数据的统计查看、部门完成指定工作指标的进展得分情况,提供了业务责任到人的得分对比,可分角色进行全局或具体某部门的得分比较,以实现对各部门工作完成情况的掌握。

（1）业务数据统计。该系统面向政府单位，提供各单位业务数据的统计和查看。统计表单中可根据具体单位的需求实现数据排序、统计时间段内的数据需求、多附件浏览查看等功能。此项统计主要是反映工作完成的程度，是一个量的统计。

（2）部门得分统计。该系统面向政府单位，提供各部门的绩效目标得分对比统计，并可划分为基本工作得分、第三方评价得分、督办工作和协同工作评分、综合性加减分、领导直接打分五类，方便对比查看。此外还提供政府指标得分的统计和具体单位的业务数据统计连接。系统能对指定单位的基本工作得分进行分解，并列出加分和减分的考核内容条项，对正常的工作得分和工作中的薄弱环节得分进行区别显示，便于工作的检查和管理。此项统计主要反映工作完成的效果和质量，是一个质的统计。

（3）领导汇报系统。该系统提供一个直观的图形化平台，概要说明政府从考核指标、考核内容，到全局 KPI 指标完成情况、各单位工作完成情况和得分、行政效能得分，直至责任人的得分对比统计等内容。此外还展现各项考核指标的完成情况，并进行政府执政效能的指标展现。

（4）KPI 完成情况。系统支持以图形化的方式，展现政府各项对应市绩效指标的 KPI 和局内指标的完成情况，便于局领导比较直观地掌握全局总体工作进展情况。

（5）考核指标。系统支持以图形化和列表的方式，展现政府单位的各项考核指标及其权重分配，从而了解考核单位的重点工作和职责划分。

（6）单位总体得分。系统支持以图形化和列表的方式，展现政府单位的指标完成工作的进展情况，包括各部门得分及其分项构成（基本工作得分、第三方评价得分、督办工作和协同工作评分、综合性加减分、领导直接打分）情况。

（7）单位考核内容得分。系统支持以图形化和列表的方式，从工作得分与工作进度两个维度，反映出各责任单位具体工作事项的完成进度与得分情况。

五、系统的优势

（1）通过指标库功能帮助各部门制订绩效计划。

（2）通过部门指标配置功能实现对各部门绩效指标的快速下达。

（3）可通过手工填报、EXCEL 报表导入、数据采集接口等多种方式进行指标反馈。

（4）通过自动算分引擎实现数据快速统计，并形成部门的得分排名。

(5)实现对考核结果的横向、纵向分析,以图表、数据表格等多种形式直观、详细地展现,并可实现指标的追溯。

(6)自动绘制绩效考核趋势图,生成每月执行进度报告,为领导跟踪和提高绩效提供数据支持。

六、系统对客户的价值

1. 增强领导对目标的掌控能力

通过对绩效目标完成情况的实时分析,可及时调整工作的重点,预防"年终算总账"的情况发生,保证全面、均衡、有序、可控地实现年度工作目标。

2. 提高行政绩效水平

绩效管理系统对各单位的工作实时进行量化,使部门间的工作有了可比性,促进相互竞争与协作;通过引入历史数据和同类部门工作情况,确立奋斗标杆;探索将部门预算、编制管理与绩效工作相结合,进一步挖掘各部门的工作潜力,激发工作积极性。

3. 使管理更顺畅

应用该系统,可在单位内部形成一个畅通的业务工作处理、绩效考核评估的流通环境,提升整体管理水平,为领导决策提供支持,为各部门工作进行较为公正的评价。

4. 使工作更透明

绩效管理系统对各项工作要求是公开的,各部门目标执行过程是透明的,工作结果和评价将更加及时、公正、全面,便于各单位更好地接受监督,进一步提高本单位绩效。

5. 整合数据资源为领导决策服务

通过绩效考核系统对各类工作过程数据和信息资源进行数据采集、分类整理、汇总分析,从而为领导决策服务。

七、系统的运行环境

200名用户以内可以参考以下配置。

服务器平台建议采用 Microsoft Windows 2003 Server,.NET Framework v3.5,IIS 6.0;

数据库平台建议采用 Microsoft SQL Server 2005；

中央处理器建议采用 Intel 奔腾 4 或更高；

内存建议采用 2G 或更高；

磁盘空间需要保证 200GB 以上；

客户机平台建议的浏览器为 IE6.0 或更高版本。此外，浏览器 JavaScript 必须被启用。

八、小结

枣庄市港航局的电子绩效考核平台是符合"十二五"发展规划的。从系统本身来说，它的扩展性、功能上的实用性，以及对具体业务支持的稳健性都是不错的。电子监察是政府管理的重要内容，有助于实现政府的信息化和转变政府职能，有助于政府转变服务社会、服务公众的方法，能够真正有效地提升政府管理效率，实现公正、公平、公开。枣庄市港航局的电子绩效考核平台应该说是比较完善的，当然，未来随着整个业务的发展和信息化水平的不断提高，会有一些新的措施和环境来保证电子监察（绩效管理）更高效率地实现。

枣庄市港航局的绩效考核在理念上体现了重结果但更关注过程，即在日常管理工作中重视结果，更重视管理的过程。关注了两个方面：一个是客户，一个是学习和成长。学习和成长是干部建设的需要，能够推进廉政建设和文化建设相互融合。

绩效考核管理不是重电子而是重管理。绩效管理往往有几个问题，解决不好可能影响其效能发挥，甚至导致系统失效。目前，有很多地方政府也在搞绩效考核管理，但时间一长，员工普遍感到疲惫。原因在于尽管电子化手段可以节约成本、提高效率和公平性，但时间一长也会导致形式上的东西泛滥。这就要求我们要加强"软"的东西。建设好这一绩效管理系统，要重视政府管理机制创新研究和不断改进管理制度，要设立常态化的考核管理专门机构，而且要做到该管理机构人员的适时调整和交换。

信息系统是服务于管理体系的，港航局的绩效管理系统也是如此。从系统运行情况来看，该管理系统是非常先进的，能够实现预定的管理目标，既能够与交通运输厅的"四化"管理目标实现对接，又能够在港航局内的二十多个部门推行精细化管理。

（1）通过这套系统，实现了及时管理，一来可以随时监控各部门的工作情况，二来可以把工作过程中的数据及时反馈上来，并做出评价。

（2）做到了全方位、多层次。对上做到了"四化"，对内做到了精细化管理；层级上已经做到了全局的战略工作管理、各部门工作的管理、各个岗位和每个人工作的管理，即多层次的管理都做到了。

（3）体系实现了多维管理。管理工作总结起来有几个方面，任何管理都是对工作持续改进、提高工作效能的过程，所以这套管理体系，包括交通运输厅提出的"四化"管理、精细化管理、绩效管理在多维管理上体现得很清晰；工作过程首先是理清工作流程，而工作流程的基础是工作规范化和标准化，该绩效管理系统希望充分反映的也是工作的规范和标准。

（4）前瞻性体现得非常好，对领导、决策的服务非常好。建设绩效管理信息系统的最终目的还是服务于管理工作。枣庄市港航局绩效管理系统既实现了绿色管理、低碳、畅通的目标，也降低了管理成本。这种管理体系的建设在国内是比较先进的。前瞻性更主要地体现在把整个监察的效能管理结合起来，包括人员的招入、重大项目的建设、费用的管理等，通过廉政建设、效能建设都结合了起来。2010年，中央编办批准在中央纪委增设绩效管理监察室，负责组织开展政府绩效管理情况调查研究和监督检查工作，指导协调各地区各部门绩效管理监察工作。2011年3月10日，国务院批复同意建立政府绩效管理工作部际联席会议制度，联席会议办公室设在监察部，日常工作由绩效管理监察室承担。以此为标志，推进政府绩效管理工作的领导体制和工作机制正式建立起来。枣庄市依托该港航局绩效管理信息系统建立起来的电子监察平台于2010年11月通过专家组审核，并开始在港航局系统全面推广，整个绩效管理工作和电子监察、廉政建设的工作充分结合，形成一盘棋，这一工作的前瞻性非常强。

案例使用说明

一、教学目的与用途

（一）本案例的适用课程

主要适用于"绩效考核"和"电子政务"课程。

(二)本案例的教学对象

公共管理硕士(MPA),以及行政管理、信息管理、公共事业管理等专业的本科生或研究生。

(三)本案例的教学目标

通过这样的案例教学,提高学生对"政府绩效管理""电子政务"这类课程的兴趣,加强学生对政府绩效管理和电子政务建设的直观认识,使其了解电子政务在政府管理中的实践应用情况,了解政府绩效考核、政府业务流程;增强学生未来参与政府管理、电子政务建设以及应用电子政务服务的能力,并培养学生理论联系实际的学习和科研方法,掌握实证研究方法,提高其科学研究和解决问题的能力。

二、启发思考题

1. 政府绩效管理系统设计的难点和重点是什么?
2. 该系统有哪些功能?
3. 实施绩效管理系统可以帮助客户实现哪些价值?
4. 政府绩效考核中的第三方考核和领导考核应该注意哪些问题?
5. 本案例中的政府绩效考核系统有哪些优势?

三、分析思路

本案例分析的逻辑思路如下:

第一,了解港航局绩效管理系统的技术框架,包括:门户网站、用户管理、考核指标库、考核数据和考核方法、数据计算公式等,能够基本掌握该绩效管理系统的考核管理、数据录入、数据分析、绩效预警、统计分析、文档资料柜、系统管理七大功能,进而厘清该系统建设和运行的基本思路。

第二,通过资料检索、收集等方式,了解港航局的组织管理模式、部门设置、部门考核、管理制度、管理目标等内容,与第一阶段的绩效考核系统的设计思路和理念进行对比,分析该系统设计的合理性、可行性。

第三,经过以上步骤,结合国内外政府绩效管理的实践经验,启发学习者能够自主分析该系统设计和运行中可能存在的问题及应对策略。

四、理论依据与分析

分析本案例所需要的相关理论,主要包括:绩效考核与绩效管理理论、电子政务基础理论、政府业务流程优化或再造理论,等等。

五、关键点

1. 案例分析中的关键所在:熟悉政府绩效考核指标库设计、绩效管理过程、绩效管理流程、绩效结果应用等,了解政府电子政务平台设计和绩效管理架构等。

2. 案例教学中的关键知识点:绩效、绩效考核、绩效管理、电子政务、信息管理系统、指标库、系统功能、系统架构、业务流程优化等。

3. 能力点:指标提取、指标库管理、系统平台设计、业务流程优化、业务流程图绘制、考核指标编写、考核结果计算、绩效考核报告单设计等。

六、建议课堂计划

本案例可安排在电子政务课程、绩效管理课程的教学中期使用。具体的教学时间为:绩效管理和电子政务基础知识概述4课时、案例预习2课时、案例介绍4课时、案例研讨2课时。

北京市延庆县平衡计分卡体系设计*

罗海元

摘 要：本案例描述了北京市延庆县为解决平衡计分卡中国化问题，尤其是在公共部门中的应用问题所进行的探索。案例依次对该县建立平衡计分卡体系的缘由、背景、目的及其设计成果进行了介绍，重点阐述了该县所开发的战略地图设计模板，并以县委县政府和县环保局为例，对其所建立的平衡计分卡体系进行了展示。

关键词：战略管理　绩效评价　平衡计分卡　案例研究

引　言

20世纪90年代以来，由于传统的以投资报酬率和预算比较为核心的绩效衡量模式未能全面揭示驱动组织成长的关键因素及其过程，企业开始重视对客户、质量、技术、品牌、文化、领导力等非财务要素进行评价。1990年，美国毕马威会计师事务所（KPMG）的研究机构诺兰诺顿（Nolan Norton Institute）资助了一个名为"未来的组织业绩衡量"的研究项目。1年后，罗伯特·S.卡普兰（Robert S.Kaplan）和戴维·P.诺顿（David P.Norton）总结了项目研究成果，写成了一篇论文《平衡计分卡——驱动业绩的衡量体系》，发表于1992年1—2月号的《哈佛商业评论》。截至2008年，罗伯特·S.卡普兰和戴维·P.诺顿先后出版《平衡计分卡》《战略中心型组织》《战略地图》《组织协同》《执行的价值》等一系列

---

* 本案例由中央财经大学政府管理学院罗海元讲师编写。

著作，形成了一套以平衡计分卡为主要工具的战略管理理论体系。

平衡计分卡自问世以来，迅速风靡全球，被广泛应用到企业、政府、大学、医院等各类组织。据权威机构调查，美国60%、欧洲50%、澳大利亚40%、新加坡80%的组织都采用了平衡计分卡。在企业组织中，平衡计分卡的应用最为广泛，《财富》杂志公布的世界前1 000位公司中，有70%的公司使用了平衡计分卡系统。其中比较成功的案例包括美孚石油公司、施乐公司、摩托罗拉公司等，这些组织在应用平衡计分卡之后都取得了良好的业绩。由于平衡计分卡在企业组织获得了极大的成功，之后逐渐被引入各国的政府组织、军事机构和非营利组织。其中，美国的夏洛特市、美国商务部经济发展管理司、亚特兰大市富尔顿学区系统、皇家加拿大骑警、英国国防部、伦敦自治区、韩国富川市、奥地利维也纳财政部、挪威空军、波士顿歌剧团等组织是成功应用这一先进工具的典型代表。

将平衡计分卡引入我国的公共管理实践已成必然趋势。但是，在我国政府组织中应用和推广平衡计分卡不可避免地需要解决一个核心问题，即平衡计分卡的公共部门化和中国化问题。换言之，在利用平衡计分卡指导我国公共部门的绩效管理实践时，不仅要借鉴和反思平衡计分卡有关改进企业管理的主张，而且要结合我国公共部门的管理情境、特点和需求对其进行本土化改造，使其更加契合公共部门和我国的实际情况并易于为大家所理解和认同。

背景介绍

2005年10月，中组部领导干部考试与测评中心与澳大利亚国际发展署启动中澳政府合作的"中国领导人才绩效评估体系研究"项目，选取了10家中国企业和地方政府参与试点，先后开展了业务培训、实地调研、组团考察、项目试点和评估等工作，在运用平衡计分卡创新政府绩效管理模式上打下了较好的研究基础，并积累了丰富的平衡计分卡项目经验。

延庆县地处北京市西北部，为北京市的郊区之一。地域总面积1 993.75平方公里，其中，山区面积占72.8%，平原面积占26.2%，水域面积占1%。区内有Ⅳ级以上河流18条，其中Ⅲ级河流2条（白河、妫水河），Ⅳ级河流16条，年可利用水资源总量1.9亿立方米。拥有105平方公里的地热带，具有丰富的浅层地热资源。年日照2 800小时，是北京市太阳能资源最丰富的地区。延庆官厅风口70米高,平均风速7米/秒以上,风力资源占全市的70%。截止到2011年11月,延庆县共有常住人口31.9万人,比上年年末增加0.2万人。其中,常住外来人口4万人,占常住人口的12.5%。延庆县是首都生态涵养发展区,始终坚持生态立县理念,全面实施生态文明发展战略,先后获得"全国绿化模范县""ISO14000运行国家示范区""国家园林县城""国家卫生县城""北京市可再生能源示范区""国家生态县"等荣誉称号。延庆县立足首都生态涵养发展区功能定位,大力发展绿色经济。都市型现代生态农业、生态友好型工业和以旅游业为主导的第三产业发展取得长足进步,生态经济体系基本形成;以"百里山水画廊"为代表的沟域经济成为全市山区发展的亮点,绿色经济特征进一步巩固;节能减排任务超额完成,新能源和可再生能源利用比重达到20%,在全市名列前茅。

2011年,延庆县第十三次党代会提出"坚持高端一流标准,着力打造'县景合一'国际旅游休闲名区"的目标,将整个妫川大地描绘成一个具有国际水准的超大旅游景区,实现"县在景中,景在县里,运行协调,县景合一"。基于中组部平衡计分卡试点的成功经验,为了更好地贯彻落实第十三次党代会精神,进一步加强和创新政府绩效管理,延庆县于该年度启动平衡计分卡项目,同时在县委县政府、县委组织部、县发改委、县园林局、县环保局、八达岭镇、千家店镇、百泉街道、延庆经济开发区等单位实施平衡计分卡项目。

主题内容

一、设计模板

一般意义上,模式是解决某一类问题的方法论,把解决类别问题的方法上升到理论的高度,即构成模式。平衡计分卡中国化模式所要解决的问题主要是政府组织战略性绩效的描述、协同和衡量问题。平衡计分卡中国化模式的研究和实践探索始于中组部2006年启动的中澳政府合作项目"中国领导人才绩效评估体系研究"。黑龙江省海林市是该项目的唯一政府组织试点单位,借此该市建立了一套完整的基于平衡计分卡的政府绩效管理体系,取得了宝贵的经验和良好的试点效果。平衡计分卡业已成为推动海林市经济社会实现跨越式发展的有力工具。2011年,北京市延庆县对平衡计分卡和政府绩效管理开展了进一步的研究,在此基础上提出了一套相对成熟的平衡计分卡中国化模式。

1. 延庆县战略地图模板

在延庆县政府战略地图模板中,使命、核心价值观、愿景与战略处于顶层的位置(如下图所示)。利益相关者层面描述了战略的最终结果,用以表明组织所提供的公共产品和服务满足了哪类利益相关者的何种需求。地方政府的利益相关者被划分为"政府""社会"和"居民"三大类。依据科学发展观的要求和县、乡(镇)政府的基本职能,实现路径层面设置了八个战略主题,具体包括"经济发展""改善民生""社会管理""城乡建设""生态环境""文化发展""改革创新"与"对外开放"。保障措施层面分为"人力资本""信息资本""政府自身建设""党的建设"和"财政资金"等五大保障措施,每类措施都设置了相应的战略目标。如在政府自身建设方面设置了"建设法治型政府""建设服务型政府"与"建设廉洁型政府"三个目标。党的建设主要包括"提升组织工作科学化水平""加大宣传工作力度""提升纪检监察效能""巩固统一战线""提升群团工作科学化水平""大力开展精神文明建设"等六项工作。财政资金是政府组织顺利实施战略的必要条件,包括"财政资金支持""拓宽融资渠道""合理安排财政预算"和"控制行政成本"等四个目标。

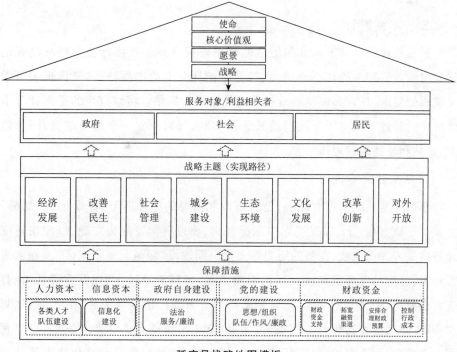

延庆县战略地图模板

2. 延庆县政府部门战略地图模板

地方政府工作部门的平衡计分卡模式与县政府平衡计分卡模式的不同之处在于实现路径层面与保障措施层面。在实现路径层面设置基于部门职能的战略主题和两个通用性战略主题,即"服务管理"和"工作创新"。基于部门职能的战略主题在数量上具有一定弹性,可从两方面来确定:其一,根据上级政府战略所确定的组织中心工作;其二,对实现利益相关者目标起重要支撑作用的关键职能工作。两个通用性战略主题对于所有政府工作部门都是必要的,服务管理主题要求各部门必须按照服务型政府的理念明确自己的公共服务项目,满足服务对象的需求。工作创新主题则要求各部门树立改革创新的自觉意识,通过持续创新突破工作瓶颈,促进整体绩效水平的不断提升。保障措施层面分为"行政机关自身建设""党的建设"和"财政资金"三类。其中,行政机关自身建设包括"坚持依法行政""坚持政务公开""加强信息化建设""加强行政问责""促进协调一致"和"争创先进单位"等六个目标。党的建设内含组织、宣传、纪检、群团、精神文明等五项内容。财政资金主题则与县政府的平衡计分卡模式保持一致。

二、体系设计

延庆县政府及其工作部门的战略地图模板突显了经济社会发展战略在地方政府绩效管理中的核心地位,既符合平衡计分卡的本质特征,又体现了科学发展观的要求,且言辞表述贴近行政机关的语言风格。将修订后的平衡计分卡模板作为管理工具应用于政府绩效管理实践,可以建立一个覆盖绩效计划、监控、评估和反馈的管理体系。

1. 延庆县战略地图

延庆县地处北京市西北部,是首都西北重要的生态屏障,有着北京"夏都"之美誉。该县在"十二五"规划中明确提出,要以科学发展为主题、以加快转变经济发展方式为主线,在新的历史起点上全面建设"绿色北京示范区"。在未来五年里,延庆将发展重点放在绿色引领发展、发展惠泽民生、建设秀美妫川、打造宜居典范、构建和谐家园、激发创新活力等方面。依据延庆县"十二五"规划和2011年度县委县政府工作报告,该县2012年将重点抓好产业发展、世界葡萄大会筹备、民生保障、生态环境建设、城乡建设、社会建设和文化建设等几项工作。延庆县战略地图是对该县战略规划的可视化描述。

（1）使命。根据市委市政府和全县人民赋予的基本职责，延庆县政府的使命被描述为"贯彻落实市委市政府的路线、方针、政策，全心全意造福延庆人民"。

（2）核心价值观。结合近些年延庆县在经济社会建设中一贯秉承的发展理念，其核心价值观被概括为"绿色发展，高端一流，以人为本，开拓创新"。

（3）愿景。根据延庆县"十二五"规划，明确中长期发展目标，其愿景陈述是"到2016年，全面建设环境优美、生态宜居、富裕文明、幸福和谐的'绿色北京示范区'"。

（4）战略。延庆县政府的战略构想是"以加强绿色环境建设为基础，以加快绿色产业发展为核心，以推广绿色生产生活方式为切入点，以绿色发展成果惠及民生为出发点和落脚点，推动'县景合一'"。

（5）利益相关者层面。按照隶属关系，延庆县政府须对北京市委市政府负责；按照管辖范围和服务对象，其利益相关者又可分为社会、企业和居民。为贯彻国家"五位一体"的战略布局，体现首都北京的政治、经济、文化中心地位，必须抓紧落实市委市政府的各项惠民政策，切实有效地维护全县人民的根本利益。因此，在利益的相关者层面设置了经济、社会、资源与环境、文化发展、改革发展、服务质量等8个战略目标。

（6）实现路径层面。实现路径层面的目标要紧扣既定战略的重点，成为县政府及其二级班子单位的工作抓手，对利益相关者层面的全部目标起到有效支撑的作用。实现路径层面设置了8个战略主题，其中"经济发展""改善民生""社会管理""城乡建设""生态环境""文化发展"和"改革创新"是实现延庆中长期目标必须坚持的战略主题，"世界葡萄大会筹备"则是年度重点工作项目。随后，以每个战略主题为基本分析单元进行实现路径层面的目标设置。例如，在经济发展战略主题下设置了"构建合理的产业结构布局""以旅游休闲产业为主导大力发展第三产业""聚焦新能源环保产业努力做强第二产业""以都市型现代生态农业为方向积极发展第一产业""促进产业融合"和"加大招商引资力度"等目标。

（7）保障措施层面。根据当前我国地方政府的管理体制和基本职能，一级地方政府既要抓好经济社会建设，又要抓好党的建设、群团组织建设，团结和带领全县人民干事创业。保障层面既要体现出政府工作,又要体现出党群工作,二者相辅相成。延庆县在保障措施层面共设置了13个目标,其中党的建设主要设置了"提升党的组织工作、宣传思想工作、纪检工作、统战工作、群团工作的科学化水平"等目标;政府自身建设则突出"建设法治型、服务型、廉洁型政府"的要求。财政资金是顺利推进全县各项事业的重要物质保障。延庆目前的状况是经济基础薄弱,财力物力不充足,必须从开源与节流两方面为获取资金保障而努力。开源一方面要确保经济持续稳定增长,增加政府财政收入;另一方面要想方设法地"争取上级财政资金支持",同时还要"拓宽融资渠道",吸引社会投资。节流则通过"科学安排财政预算"、严格控制"三公消费"和"控制行政成本"等举措来实现。

2. 延庆县平衡计分卡

为了进一步对战略进行诠释,同时衡量战略目标的实际绩效,需要设计与战略地图相匹配的平衡计分卡。它是一个二维表格,纵向是各层面及其目标,横向包括指标、目标值、指标等级、指标类型、责任部门和行动方案等栏目。指标是用以衡量目标的绩效因子;目标值则是预期的绩效结果,用以确立评价所需的绩效等级与标准。指标等级分为市级指标和县级指标两个等级,前者表示该工作是经上级目标承接或分解而来的,后者是为衡量拟定目标自主设立的指标。指标类型分为监控指标和考核指标。监控指标主要用以监控和诊断目标的完成进度,不纳入组织绩效考核范围,但可根据需要纳入领导班子成员的年终考核;而考核指标主要是针对特定绩效周期内需重点关注的工作任务,在绩效周期结束时应当进行考核,两者的划分是动态变化的。责任部门栏目用于说明该项指标的责任主体。行动方案指为实现绩效目标应采取的行动计划或项目。根据地方政府平衡计分卡,运用组织协同技术制作所属科室或其他内设机构的战略地图和平衡计分卡,最终将组织和部门的绩效目标落实到每一个组织成员的个人计分卡中,以便政府组织战略向干部日常工作转化,达到化战略为行动的目的(延庆县平衡计分卡见表1)。在整个平衡计分卡体系建立起来后,须进一步开发地方政府的绩效评估体系,筛选必要的指标纳入年度考核范围,并选择恰当的评价主体和评价方法对地方政府的整体绩效、工作部门绩效和干部个人绩效进行全面评估,进而基于评估结果开展实绩分析。最后,根据新的绩效周期的工作重心转移,对整个平衡计分卡体系进行必要的调整,从而实现地方政府绩效的动态化管理。

表1 延庆县平衡计分卡(利益相关者层面)

目标	指标	单位(目标值)	指标等级	指标类型	责任部门	行动方案
经济又好又快发展	地区生产总值年增长率	%(10%)	县级	考核指标	发改委	
	财政一般预算收入年增长率	%(10%)	县级	考核指标	财政局	
	三大产业比重	(10:28:62)	县级	监控指标	发改委	
	全社会固定资产投资增长率	%(12.4%)	县级	考核指标	发改委	
人民生活明显改善	城镇居民人均可支配收入年增长率	%(8%)	县级	考核指标	发改委	
	农民人均纯收入年增长率	%(9%)	县级	考核指标	发改委	
	城乡低收入者收入增长率	%	县级	考核指标	发改委农经站	
	居民消费品价格指数	%(≤4%)	县级	考核指标	发改委	
	城乡居民生活质量	恩格尔系数	县级	监控指标	统计局	
	城市居民人均居住面积	平方米	县级	监控指标	住建委	
社会更加和谐稳定	城乡居民的安全感指数	指数	县级	考核指标	政法委公安局	
	城乡居民的幸福指数	指数	县级	考核指标	相关部门	

(续表)

目标	指标	单位（目标值）	指标等级	指标类型	责任部门	行动方案
城乡建设不断加强	城乡环境建设与管理指数	指数	县级	考核指标	市政市容委城管大队	
	城镇居民对生活居住条件的满意度	%	县级	监控指标	住建委	
	农村居民对生活居住条件的满意度	%	县级	监控指标	农经站	
生态环境品质进一步提升	空气质量二级和好于二级的天数占全年比重	%（>84%）	市级	考核指标	环保局	1. 完成《北京市清洁空气行动计划》年度任务 2. 北京市人工影响天气工程外场试验基地项目
	城市噪声污染平均指数	<分贝	市级	考核指标	环保局	
	大气指数	年/月平方公里降尘量	县级	考核指标	环保局	
	大气污染物（二氧化硫、氮氧化物）排放削减总量	（达到市级要求）	市级	考核指标	环保局	
	水污染物（化学需氧量、氨氮）排放削减总量	（达到市级要求）	市级	考核指标	环保局	
	"县景合一"度	%	县级	监控指标	发改委规划分局	1. "县景合一"专项规划编制工作 2. "县景合一"景观控制规划编制工作

（续表）

目标	指标	单位（目标值）	指标等级	指标类型	责任部门	行动方案
文化更加发展繁荣	社会主义核心价值观体系认知度	%	县级	监控指标	宣传部	
	城乡居民公共文明指数	指数	县级	监控指标	文明办	
	文化创意产业产值同比增长率	%	县级	考核指标	发改委规划分局	
	延庆文化品牌知名度	指数	县级	监控指标	文委旅游局	
服务质量显著提升	城乡居民对公共服务的满意度	%	县级	考核指标	相关部门	
	群众对政府部门行业作风的满意度	%(≥80%)	县级	考核指标	监察局	
	游客满意度	%	县级	考核指标	旅游局	
	落户企业对投资环境的满意度	%	县级	考核指标	投资促进局	
	乡镇街道对相关职能部门的满意度	%	县级	考核指标	相关部门	
改革开放更加深入	居民对改革创新的满意度	%	县级	考核指标	相关部门	

3. 延庆县环保局战略地图

除了县委县政府,延庆县发改委、园林局、环保局、组织部等局委办,八达岭镇、千家店镇、百泉街道等乡镇政府和街道,以及延庆经济开发区共 8 个不同类型的下属单位被纳入此次平衡计分卡项目。本案例以延庆县环保局为代表,介绍其职能部门的战略地图和平衡计分卡。

(1) 使命。延庆县环保局的使命陈述是"贯彻落实国家和北京市相关法律、法规、政策,有效监管辖区环境,持续改善环境质量"。

(2) 核心价值观。延庆县环保局所遵循的核心价值观是"勤政廉洁,务实高效,开拓创新"。

(3) 愿景。延庆县环保局的愿景陈述为"到2016年,推进绿色北京示范区建设"。

(4) 战略。延庆县环保局的战略构想是"严格环保准入,加强污染监管,保障环境安全,倡导全民参与,确保生态系统良性循环"。

(5) 利益相关者层面。延庆县环保局将其利益相关者分为社会、企业和居民。在利益相关者层面设置了"提升环境质量""减少排放总量""保障环境安全""提高服务质量""提高环境意识"等5个战略目标。

(6) 实现路径层面。根据延庆县政府部门战略地图模板,环保局设置了"污染预防"和"环境监管"这两个反映部门重要职能的战略主题,以及"社会服务"和"工作创新"这两个在职能部门具有共同性的战略主题。随后,以每个战略主题为基本分析单元进行实现路径层面的目标设置。例如,在"污染预防"战略主题下设置了"严格建设项目审批""完善环境监测体系""健全风险管理制度"等目标。

(7) 保障措施层面。延庆县环保局从"行政机关自身建设""党的建设""财政资金"三个方面设置了13个目标。例如,行政机关自身建设包括"坚持依法行政""坚持政务公开""加强信息化建设""加强行政问责""促进协调一致""争创先进单位"等目标。

4. 延庆县环保局平衡计分卡

延庆县环保局根据所绘制的战略地图设计了相应的平衡计分卡(见表2)。

作为一种先进的管理理论和工具,平衡计分卡产生于带有明显商业竞争色彩和企业管理逻辑的西方大型企业。将平衡计分卡引入公共部门,并根据公共管理思维逻辑,尤其是我国政府管理的情境和独特性,对其进行修订完善,使之能够扎根于中国公共管理实践,是政府管理研究学者和实践者应共同面对的一项具有挑战性且富有意义的任务。

表 2 延庆县环保局平衡计分卡

目标	指标	单位（目标值）	指标等级	指标类型	责任部门
提升环境质量	空气质量二级和好于二级的天数占全年比重	%（84%）	市级	考核指标	综合科、监察队、机动车
	城市区域环境噪声平均值	（达标）	市级	考核指标	综合科、监察队
	水环境质量	（达标）	市级	考核指标	综合科、监察队
	辐射环境质量	（达标）	市级	监控指标	监察队
减少排放总量	二氧化硫排放量	（市下达指标）	市级	考核指标	综合科、监察队、机动车
	氮氧化物排放量	（市下达指标）	市级	考核指标	综合科、监察队、机动车
	化学需氧量	（市下达指标）	市级	考核指标	综合科、监察队、机动车
	氨氮排放量	（市下达指标）	市级	考核指标	综合科、监察队、机动车
保障环境安全	重大环境污染责任事故发生次数	（0次/年）	县级	减分项	监察队、监测站
	重大生态破坏责任事件发生次数	（0次/年）	县级	减分项	监察队、监测站
提高服务质量	环保工作群众满意度	%（90%）	县级	考核指标	全局
提高环境意识	公民环保意识调查	%	县级	监控指标	科研所
■ 污染预防					
严格建设项目审批	依法审批率	%（100%）	处级	考核指标	管理科
	"三同时"执行率	%（100%）	处级	考核指标	管理科

（续表）

目标	指标	单位（目标值）	指标等级	指标类型	责任部门
	依法验收率	%（100%）	处级	考核指标	综合科
完善环境监测体系	监测任务完成率	%（100%）	市级	考核指标	监测站
	实验室资质认证	（合格）	市级	考核指标	监测站
	质量管理体系运行	（有效）	市级	考核指标	监测站
健全风险管理制度	建设项目环境风险评估率	%（100%）	县级	考核指标	管理科
	环境风险点排查率	%（100%）	县级	考核指标	监察队
	重点源应急预案覆盖率	%（100%）	县级	考核指标	监察队
■ 环境监管					
强化环境执法监管	国控污染源年现场监察频次	次（≥12次）	市级	考核指标	监察队
	市控污染源年现场监察频次	次（≥4次）	市级	考核指标	监察队
	一般污染源年现场监察覆盖率	%（≥80%）	处级	考核指标	监察队、机动车
	机动车排放污染监管	（达到市局要求）	市级	考核指标	机动车
依法征收排污费	污染源排污申报登记率	%（100%）	市级	考核指标	监察队
	排污费征收率	%（100%）	市级	考核指标	监察队
	排污费征收额	（足额）	处级	监控指标	监察队
掌握污染源动态	污染源动态更新	（1次/年）	市级	考核指标	综合科

（续表）

目标	指标	单位（目标值）	指标等级	指标类型	责任部门
■ 社会服务					
强化环保宣传教育	年度环境宣传教育受众人次	人（20 000人）	县级	考核指标	科研所
	大型活动	（3次/年）	处级	监控指标	科研所
	电视报导	次（≥4次）	处级	监控指标	科研所
	报刊专栏	期（≥24期）	处级	监控指标	科研所
	网络宣传	次（≥12次）	处级	监控指标	科研所
	"五进讲座"	次（≥30次）	处级	监控指标	科研所
开展绿色创建活动	绿色社区	个/年	处级	监控指标	科研所
	绿色学校	个/年	处级	监控指标	科研所
提供环保咨询服务	新建项目跟踪服务率	%（100%）	处级	监控指标	全局
	咨询服务满意率	%（≥90%）	处级	考核指标	全局
维护公民环境权益	环境信访处理率	%（100%）	县级	监控指标	监察队
	环境信访结案率	%（100%）	县级	考核指标	监察队
■ 工作创新					
建立应急联动机制	跨省应急联动研讨	（每年至少1次）	处级	监控指标	监察队、监测站
提高进京办证效率	开发机动车信息自动识别系统	（年内正式启用）	处级	监控指标	机动车

（续表）

目标	指标	单位（目标值）	指标等级	指标类型	责任部门
拓宽环境监测领域	新建生化实验室	（完成硬件建设）	处级	监控指标	监测站
■ 行政机关自身建设					
坚持依法行政	行政诉讼案件败诉次数	（0次/年）	县级	减分项	管理科、综合科、监察队、机动车
	行政处罚案卷合格率	%（100%）	县级	考核指标	综合科
坚持政务公开	信息公开及时性	（达标）	县级	考核指标	政工科
	主动公开信息比例	%	县级	监控指标	政工科
加强信息化建设	各类基础数据库健全度	（达标）	县级	考核指标	全局
加强行政问责	行政问责次数	（0次/年）	县级	减分项	全局
促进协调一致	部门协作满意度	%	县级	考核指标	全局
争创先进单位	获市级以上荣誉数量	个	县级	加分项	全局
■ 党的建设					
提升党的组织工作科学化水平	班子和干部队伍建设工作	（达标）	县级	考核指标	政工科
	党的基层组织建设工作	（达标）	县级	考核指标	政工科
	人才队伍建设工作	（达标）	县级	考核指标	政工科

（续表）

目标	指标	单位（目标值）	指标等级	指标类型	责任部门
提升党的宣传思想工作水平	政治理论教育工作	（达标）	县级	考核指标	政工科
	舆论宣传工作	（达标）	县级	考核指标	政工科
	思想道德教育工作	（达标）	县级	考核指标	政工科
提升党的纪检工作水平	党风廉政工作	（达标）	县级	考核指标	政工科
	反腐败工作	（达标）	县级	考核指标	政工科
提升群团工作水平	工会工作	（达标）	县级	考核指标	政工科
	共青团工作	（达标）	县级	考核指标	政工科
	妇联工作	（达标）	县级	考核指标	政工科
■ 财政资金					
争取上级财政资金支持	市级以上财政资金支持总额	元	县级	加分项	综合科
科学安排财政预算	预算执行率	%	县级	考核指标	办公室
控制行政成本	"三公"经费占总支出比重	%	县级	考核指标	办公室

案例使用说明

一、教学目的与用途

（一）本案例的适用课程

主要适用于"公共部门人力资源管理"课程，也适用于"管理学""公共管理学""公共部门战略管理"等课程。

（二）本案例的教学对象

公共管理硕士（MPA）。

（三）本案例的教学目标

通过介绍和展示北京市延庆县设计平衡计分卡体系的情况及成果，引导学生思考公共部门在引入平衡计分卡的过程中，如何解决平衡计分卡的公共部门化和中国化问题，深入探讨公共部门平衡计分卡设计的原则、思路和方法，促使学生深化对平衡计分卡理论的认识，增强对平衡计分卡的应用设计能力。

二、启发思考题

1. 平衡计分卡的本质特征是什么？在设计过程中如何把握这种本质特征？
2. 基于公私部门的差异，分析公共部门平衡计分卡设计模板的要素及其逻辑结构。
3. 如何在平衡计分卡的中国化过程中把握我国政府管理的独特性？
4. 谈谈你认为如何才能科学合理地设计出公共部门平衡计分卡体系？

三、分析思路

首先，较为全面准确地了解平衡计分卡理论，对平衡计分卡通用模板的构成要素及其结构所揭示的平衡计分卡本质特征进行提炼总结。其次，掌握公私部门差异及其管理的共性与个性，研究罗伯特·卡普兰、戴维·诺顿、保罗·尼文等人有关公共部门平衡计分卡的观点和主张；对国内外政府管理体制进行比较分析，归纳我国政府管理尤其是战略管理、绩效考核等方面的独特性。最后，结合平衡计分卡设计的一般流程，分析我国政府部门应用平衡计分卡需遵循的原则要求、可行做法、具体步骤和方式方法。

四、理论依据与分析

本案例的理论依据主要是平衡计分卡、战略管理、绩效管理和公共管理原理等相关理论。平衡计分卡理论体系包括平衡计分卡、战略中心型组织、战略地图、组织协同、执行的价值等,掌握这些理论知识是探讨平衡计分卡公共部门化和中国化问题的基本前提。战略管理理论尤其是有关政府组织在战略规划、诠释、执行、评估等方面的理论知识和实际做法,对于深入分析公共部门平衡计分卡项目必不可少。绩效管理理论包括绩效计划、监控、评价和反馈等内容,以及政府组织、事业单位等公共部门绩效管理的特殊性,是设计公共部门平衡计分卡体系必须掌握的知识。公共管理的一般原理和方法是从宏观上、整体上把握公私平衡计分卡设计差异性的重要依据。

五、关键点

（一）案例分析的关键点

1. 平衡计分卡的构成要素、逻辑结构和本质特征。
2. 公共部门平衡计分卡设计模板与平衡计分卡通用模板的差异。
3. 从内容和形式上注意分析把握我国政府设计平衡计分卡的特殊性。
4. 分析一级地方政府和政府职能部门的关系,把握两者平衡计分卡的联系和区别。

（二）案例教学的关键点

1. 平衡计分卡的起源、发展、要素、功能、特征等基本知识。
2. 平衡计分卡通用模板及不同战略类型的平衡计分卡模板。
3. 平衡计分卡应用设计的思路、步骤、方法及注意事项。
4. 公共部门建立和实施平衡计分卡体系的流程和方法。
5. 我国地方政府及相关工作部门实施平衡计分卡项目的知识。

六、建议课堂计划

（一）介绍案例（10分钟）

（二）阐述背景知识（30分钟）

（三）问题提出与分组讨论（50分钟）

（四）分组汇报（30分钟）

（五）案例分析点评（20分钟）

（六）案例教学总结（10分钟）

公共政策

农机购置补贴政策绩效评价*

施青军　张　剑

摘　要：通过对各省区农机购置补贴资金的实施情况，对农机购置补贴政策的相关性、效率性、效果性、公平性、可持续性及其综合绩效进行分析和评价，旨在了解该政策的实施情况和效果，总结我国在农机购置补贴资金管理上的经验和教训，进而提出相应的改进建议，从而为政策的调整和完善提供决策依据。

关键词：农机购置补贴政策　绩效评价　评价框架　评价指标

政策背景与目标

农机购置补贴政策是中央实施的"两减免、三补贴"[①]重要支农惠农政策之一，依据2004年颁布的《中华人民共和国农业机械化促进法》的规定设立。其制定的主要政策目标是鼓励农民使用先进、适用的农业机械，推进农业机械化发展，改善农业装备结构，增强农业综合生产能力，发展现代农业，繁荣农村经济。2004年至2015年，中央财政累计投入农机购置补贴1 437.3亿元，实施范围由2004年的66个县扩大至覆盖全国所有农牧业县（场）。2015年中央财政安排农机购置补贴资金237.55亿元。

---

* 本案例由中央财经大学政府管理学院施青军教授和张剑副教授编写。
① "两减免"政策指的是减免农民的农业税，取消除烟草以外的农业特产税；"三补贴"政策指的是对种粮农民的直接补贴、良种补贴和大型农机机具购置补贴。

综合一系列与农机购置补贴专项资金密切相关的政策,根据《2015—2017年农业机械购置补贴实施指导意见》(农办财〔2015〕6号)中对政策实施的总体要求制定农机购置补贴政策。

农机购置补贴政策的目标包括:

(1) 鼓励和支持农民使用先进、适用的农业机械;

(2) 推进农业机械化进程,优化农机装备结构,提升农机作业能力和水平;

(3) 增强农业综合生产能力;

(4) 促进农业增产增效、农民节本增收;

(5) 推进农业发展方式转变,切实保障主要农产品的有效供给。

绩效评价概述

一、绩效评价的目的

本次绩效评价依据国家相关政策法规,通过对各省区农机购置补贴资金的实施情况,对农机购置补贴政策的相关性、效率性、效果性、公平性、可持续性及其综合绩效进行分析和评价,旨在了解该政策的实施情况和效果,总结我国在农机购置补贴资金管理上的经验和教训,进而提出相应的改进建议,从而为政策的调整和完善提供决策依据。为了解政策实施的绩效情况,按照财政部预算司安排,财政部预算评审中心开展了此次绩效评价工作。

二、绩效评价的设计与实施

1. 对象和范围

本次绩效评价的对象是农机购置补贴政策,评价范围覆盖全国所有农牧业县。具体内容为:先对各省开展调研,而后在每个省选择2~3个样本县进行深入实地调研,并对受益农户发放问卷进行调查;依据各省实施绩效的综合调研结果,评价农机购置补贴政策实施的绩效情况。

2. 绩效评价框架

评价框架包括5个评价维度:相关性、效率性、效果性、公平性及可持续性。5个评价维度分别从政策是否正确地决策、是否高效地运作、是否有效地实现、是否公平地实施以及是否能持续发挥作用5个方面,对政策实施效果进行绩效分析和综合评价。围绕着5个评价维度,可将其分解为由10个一级指标、20个二级指标组成的评价框架(如表1所示)。

表 1 绩效评价框架（含权重）

维度	权重	一级指标	权重	二级指标	权重	评分标准	备注
相关性	15%	政策目标是否符合国家农业发展战略	60%	政策目标与国家农业发展战略的吻合度	100%	100分：国家农业发展战略中能够找到关于农业机械化的相应政策条款 0分：国家农业发展战略中没有相关政策条款	专家组依据绩效评价报告中的表述对各省重新进行评分
相关性	15%	政策针对的目标受益群体是否适当	40%	补贴农机品目范围与当地农机需求的吻合度	100%	100分：品目符合当地农业种植结构 0分：品目不符合当地农业种植结构	
效率性	35%	政策实施是否完成预期的产出	35%	补贴农机机具合套数比上年增加数	50%	100分：比上年增加，且实现补贴结构优化的目标 90分：与上年持平，且实现补贴结构优化的目标 70分：比上年减少，但利于实现补贴结构优化的目标 60分：比上年减少，且未实现补贴结构优化的目标	
效率性	35%	政策实施是否完成预期的产出	35%	重点补贴农机机具补贴金额占总补贴金额的比率	50%	[90,100]：比率60%（含）以上 [80,90)：比率40%（含）～60% [60,80)：比率20%（含）～40% [0,60)：比率20%以下	

（续表）

维度	权重	一级指标	权重	二级指标	权重	评分标准	备注
		中央补贴资金是否按计划投入及合法合规地使用	35%	中央财政补贴资金到位率	20%	[90,100]:到位率90%(含)以上 [80,90):到位率80%(含)~90% [60,80):到位率60%(含)~80% [0,60):到位率60%以下	
				补贴资金的结算率	30%	[90,100]:到位率90%(含)以上 [80,90):到位率80%(含)~90% [60,80):到位率60%(含)~80% [0,60):到位率60%以下	
				补贴金额在农机具销售总价中的占比增长率	30%	[90,100]:25%(含)以下 [80,90):25%~29%(含) [60,80):29%~30% [0,60):30%以上	
				当年违规资金总额占补贴资金总额的比重	20%	[90,100]:违规资金比例在10%(含)以内 [80,90):违规资金比例在10%(含)~20%(含) [60,80):违规资金比例在20%(含)~40%(含) [0,60):违规资金比例在40%以下	

（续表）

维度	权重	一级指标	权重	二级指标	权重	评分标准	备注
效果性	20%	管理环节是否便民高效	30%	补贴资金从申请到结算的时间缩短率	50%	100分：时间周期比上年缩短 90分：时间周期与上年持平 0分：时间周期长于上年	
				补贴资金从申请到结算环节的减少率	50%	100分：发放环节比上年减少 90分：发放环节与上年相同 0分：发放环节比上年增加	
		政策实施是否实现了绩效目标	50%	农业综合机械化水平（包括耕、种、收环节）	40%	[90,100]：达到60%以上（含） [80,90)：达到50%（含）～60% [60,80)：达到40%（含）～50% [0,60)：在40%以下	
				农机作业面积比上年增加值	40%	100分：比上年增加 90分：与上年持平 60分：比上年减少	
				主要农作物总产值比上年增长率	20%	100分：比上年增长 90分：与上年持平 60分：比上年减少	按照样本县满意度调查表进行判断

（续表）

维度	权重	一级指标	权重	二级指标	权重	评分标准	备注
公平性	20%	目标群体受益情况如何	50%	受益农户数量增长率	30%	100分：为正，且实现补贴结构优化的目标 90分：为0，且实现补贴结构优化的目标 70分：为0，但利于实现补贴结构优化的目标 60分：为负，且未实现补贴结构优化的目标	
				受益农户的亩产上年增加率	35%	100分：增长率为正 90分：增长率为0 0分：增长率为负	按照样本县满意度调查表进行判断
				受益农户的收入比上年增加率	35%	100分：增长率为正 90分：增长率为0 0分：增长率为负	按照样本县满意度调查表进行判断
		政策信息是否公开透明	100%	补贴机具资质的确认是否公开、公平	50%	100分：补贴机具资质从申报信息公布到资质确认，全过程在媒体上公开 0分：补贴机具资质从申报信息公布到资质确认，全过程不完全在媒体上公开	
				县级农机化部门网上开通信息公开栏目的比例	50%	（省一级统计指标） [90,100]：公开比例在90%（含）以上 [80,90)：公开比例在80%（含）~90%	

(续表)

维度	权重	一级指标	权重	二级指标	权重	评分标准	备注
可持续性	10%	购机需求的存续性	50%	购机需求的持续存在性	100%	[60,80）：公开比例在60%（含）～80% 0分：公开比例低于60% 100分：具有持续性 0分：不具有持续性	
		购机需求满足度	50%	购机需求的资金满足率	100%	100分：具有持续性 0分：不具有持续性	

3. 评价的组织与实施

绩效评价由财政部预算评审中心组织实施,派出22个调研小组,对农机购置补贴政策开展绩效评价。首先,预算评审中心22个调研组到各省(区、市)开展调研,各省级财政部门负责协调和填报本省(区、市)的绩效数据并提交情况汇报;其次,预算评审中心调研组在每个省份选择2~3个样本项目县深入开展实地调研,并对受益农户开展问卷调查,指导各样本项目县财政部门填报本县基础数据;再次,基于各省(区、市)的绩效数据和情况汇报,对各省(区、市)的农机购置补贴政策实施绩效进行打分,撰写各省(区、市)绩效评价分报告;最后,预算评审中心对农机购置补贴政策实施绩效进行综合评价,完成绩效评价总报告。

4. 评价的方式与方法

综合采用案卷研究、对各省份及其样本县进行实地调研、开展省级相关部门访谈和县级座谈会、对样本县的受益农户进行问卷调查等方式,在实地了解项目实施情况和效果的基础上对该项目进行绩效评价。

三、绩效评级方法

第一,确定指标和关键问题的权重。采用专家评分法,选择熟悉政策的管理和评价人员,依据其对政策的理解,为各项评价指标赋以权重。

第二,确定打分标准并对指标进行打分。采用百分制法,确定评分标准。详见表1。

第三,确定五个维度的绩效等级。对每个评价维度下的关键评价问题得分进行加权平均,算出各维度最终的评价分值,并相应确定五个维度的绩效等级。

第四,计算政策绩效等级。根据五个评价维度的权重设置,对五个维度的评价分值进行加权平均,算出综合绩效分值,相应确定绩效等级,见表2。

表 2 绩效等级划分表

评价维度	绩效等级			
	[90,100]	[80,90)	[60,80)	[0,60)
相关性	相关	比较相关	基本相关	不相关
效率性	高	比较高	一般	低
效果性	满意	比较满意	基本满意	不满意

(续表)

评价维度	绩效等级			
	[90,100]	[80,90)	[60,80)	[0,60)
公平性	高	比较高	一般	低
可持续性	好	比较好	一般	低
综合绩效	政策实现度高	政策实现度比较高	政策实现度一般	政策实现度低

绩效分析结论

该政策的综合评价等级为"政策实现度高",评价结果如表3所示。

表3 政策综合绩效评价等级

评价维度	权重(%)	评价分值	加权平均得分	绩效等级
相关性	15	91.80	13.77	相关
效率性	35	87.70	30.69	比较高
效果性	20	95.50	19.10	满意
公平性	20	92.08	18.42	高
可持续性	10	100.00	10.00	好
综合绩效	100	—	91.98	实现程度高

相关性综合得分为91.80分,绩效等级为"相关"。这表明该政策绩效目标符合国家农业发展战略,有利于保障粮棉油糖等主要农作物生产的机械化,但未能较好地满足个别地区种植结构的个性化需求。

效率性综合得分为87.70分,绩效等级为"比较高"。这表明该政策完成了预期的产出,显示了政策对调整农机结构和确保粮食安全有促进作用。结合上述数据分析与实践情况来看,中央补贴资金到位率高,违规情况非常少,补贴资金结算率比较高,补贴金额在农机销售总价中的占比下降,资金使用效益进一步提高;同时,补贴资金从申请到结算所花费的时间以及所需的工作环节与上年相比变化不大,这也反映了管理效率基本与去年持平。

效果性综合得分为95.50分,绩效等级为"满意"。该政策的实施实现了绩效目标,包括农业综合机械化水平超过"十二五"规划目标、农机作业面积和主要农作物总产值均有增加;目标受益群体受益情况良好,政策导向使购机主体呈现由个体农户向农业合作社等生产经营性主体变化的趋势,尽管受益农户数量下降,但其亩产和收入都有所提高。

公平性综合得分为 92.08 分,绩效等级为"高"。各省评价均显示,补贴机具资质的确认全部公开、公平;全国县级农机化部门网上开通"信息公开"专栏的比例为 84.16%。总体上,政策体现了其公平性。

可持续性综合得分为 100.00 分,绩效等级为"好"。根据对农机补贴规划专家的调研,我国农机需求空间巨大,至 2020 年的购机需求的补贴资金并不足以满足预测的需求。因此,政策对提升我国农业机械化水平仍有推动作用,有必要存续下去。

取得的成效和实施经验

《中华人民共和国农业机械化促进法》和农机购置补贴政策的深入实施,开辟了我国农业机械化发展的黄金十年,促进我国农业生产方式实现了由人力、畜力为主向机械作业为主的历史性跨越,农机化在农业农村经济中的地位显著提高,作用显著增强。农机购置补贴政策为提高农业综合生产能力、促进农机装备结构优化、增加农民收入、发展农机工业等提供了良好的政策环境和制度动力,产生了巨大的经济和社会效益。

农机购置补贴市场化改革力度空前,相继推出了补贴产品资质与推广目录脱钩等简政放权措施,营造了更加高效的市场环境。2015 年 1 月 27 日,我国农业部、财政部发布《2015—2017 年农业机械购置补贴实施指导意见》,持续推进农机购置补贴政策改革,补贴对象范围扩大,补贴机具范围缩小,购机补贴方式、补贴流程以及政策实施有效期等均有所变化,并决定开展补贴产品市场化改革试点和农机新产品补贴试点;政策实施突出市场化,要求选择重点机具敞开补贴,补贴机具资质与支持推广目录脱钩,补贴操作与经销商脱钩。这些举措优化了制度设计,提高了政策的指向性和精准性,在着力推进政策实施的针对性、稳定性、普惠性和安全性,切实保障资金安全,以及确保补贴政策高效、安全地实施方面迈出了坚实的一步。农机购置补贴市场化改革的进一步深入,营造了更加公平、高效的市场竞争环境,受到各方的高度肯定和广泛欢迎。全年农机购置补贴政策的实施更加规范有序。

补贴政策实施总体进展顺利,成效明显;"缩范围、控定额、促敞开"的工作思路得到各省的积极响应,补贴范围更加精准,补贴标准更加科学,补贴操作更加规范,日常监管更加严格。

问题与建议

一、存在的问题

1. 中央农机购置补贴政策保障重点与地方种植业个性化发展需求存在一定差异

按照"确保谷物基本自给、口粮绝对安全"的目标要求,2015年中央农机机具补贴资金将重点调整用于粮棉油糖及饲草料等主要农作物生产的关键环节所需的机具,着力推进主要农作物生产的全程机械化,补贴机具种类和范围也做了相应调整。从中央政府角度来看,调整方向符合中央政策目标的要求,但在兼顾地方种植业发展个性化需求方面考虑不足。以北京市为例,随着农业结构的调整,粮食生产所需的机具相对较少,设施农业、畜牧水产养殖、农产品加工、保鲜储存、保鲜运输等机具需求量大,这些实际需要的机具大多不在补贴范围之内。再如,贵州省自然条件较为恶劣,种植的农作物有限,主要以经济作物为主,补贴目录与当地地方需求有一定的偏差。又如,四川省部分地区种植地形为典型山区,现行补贴目录中的大多数机具不适合山区使用,而当地又无农机生产企业,地方无法增加机具补贴种类,农民购买的适合山区使用的机具又不在补贴范围内,这既不利于山区农业的发展,也不利于山区农民的脱贫致富。

2. 中央补贴资金分配额度与地方实际需求不完全相符,地方资金不足与结转过多的状况并存

按照《2015—2017年机械购置补贴实施指导意见》,中央财政综合考虑各省(区、市)的耕地面积、农作物播种面积、主要农产品产量、购机需求意向等因素,确定补贴金额。但在实际分配过程中,仍然存在着"保基数"的问题,没有根据各地区农业机械化水平、农机机具数量以及中央补贴目录与实际需求的差异等情况进行相应的调整。有的地方为了争取获得中央补贴资金,存在虚报购机需求的问题。部分地方由于农业结构调整、农机机具基本饱和、中央政策导向

与地方实际需求存在差距等原因,农机购置补贴资金执行效率一般。以上海市为例,2015年农机补贴资金执行率为69.70%,其中:中央资金执行率为72.39%,市级资金执行率为65.01%。西藏自治区2015年农机购置补贴结算率仅为5.78%。部分地区资金结转较多,但同时也有一些省份的补贴资金不能满足农民的购机需求,前一年提出的购机补贴申请需要间隔一年之后才能兑现。

3. 地方财政投入总体不足,补贴标准差异较大,存在补贴资金流失的风险

通过案卷分析、实地调研发现,除了北京、上海等个别地区,目前全国各地农机购置补贴中地方补贴资金相对较少,主要依靠中央财政补贴资金。不同类型的农机定额补贴标准带来了一定的问题。2015年政策调整之后,小型机具补贴额度下降,带动农户购机的吸引力不足,而特定大型机具售价高,补贴额不能有效地缓解农户购机压力。通用类机型和部分中央统一分档的非通用类机型的补助金额,按照农业部分类分档确定的补贴定额进行补助;其余非通用类农业机械,按各省(区、市)分类分档确定的定额补贴标准进行补助。由于各地农机产品售价不同,因此不同农机产品之间补贴比例差异很大,例如广西容积15立方米及以上果蔬烘干机(非通用类,中央定价),中央财政补贴1.5万元,实际售价2万元,补贴比例达75%。

地区之间补贴标准差异性比较大,存在补贴资金流失的风险。例如,上海市中央及市级财政补贴资金叠加后,实际补贴额接近机具价格的50%,加上区(县)财政补贴后,总补贴额可达机具价格的70%～85%,明显高于全国平均水平,相对于其他欠发达省份来说,在上海市申请补贴的农机机具套利空间明显,存在补贴机具资金跨省流失的风险。

4. 部分农机机具质量较差,后期维修成本高且服务效率偏低

一是近年来,补贴产品不断向市场化方向发展,由原来的补贴产品目录选型到进入部级或省级推广目录的产品,再到已获得部级或省级有效推广鉴定证书的产品均可享受补贴,随着补贴产品资质条件的逐步放开,进入补贴范围的产品数量逐年增加,但增加的产品中不排除存在少数技术含量较低、同质化较高的低端产品;二是部分地区农机后期维修服务点普遍偏少,服务效率较低,而农业繁忙期较短,一旦农业机械发生故障可能要等待几天甚至更长的时间,容易错过最佳耕种时间;三是购机人普遍缺乏自主维修能力,机械出现故障后均需要销售单位委派专业的维修人员进行保养维修,这样相关支出成本较高,很

多购机者为此采取直接抛弃旧机械、采购新机械的方式,农机利用率不高。

5. 农机购置补贴资金管理办法滞后

目前,农机购置补贴项目资金管理办法仍沿用 2005 年出台的《农机购置补贴专项资金使用管理办法》。但近年来农业部、财政部对于农机购置补贴方式、补贴程序、补贴额的确定等要求均发生了重大变化,而各地在项目实施中主要按照年度项目实施指导意见执行,老的资金管理办法与年度实施指导意见的规定并不一致。

6. 与相关外部政策未有效衔接

一是农机用房不足,用地手续不完善。由于农机停放及维修车间用地不在国土资源部《关于进一步支持设施农业发展的通知》(国土资发〔2015〕127 号)所明确规定的设施农用地范围内,因此拥有大量大型农机机具的合作社难以办理相关建设用地手续,部分大型农机机具只能露天停放,亦缩短了农机机具的使用寿命。二是与实施农机购置补贴全价购机政策相配套的金融扶持政策还有待进一步完善,金融部门对贷款的抵押门槛高,农机大户贷款困难。

二、对策建议

1. 进一步强化农机购置补贴政策的导向作用,同时兼顾地方特色需求

中央农机购置补贴政策应坚持突出重点,加快推进粮棉油糖等主要农作物生产的全程机械化,确保我国粮食安全。以此为前提,逐步提高政策的指向性和精准性,根据各地实际情况,适当调整资金分配结构,着力加大对主要农作物产区的资金补贴力度,对于已出现资金大量结转的省份,合理减少资金补贴,促进其努力消化结转资金。同时,可以考虑通过以奖代补等方式,鼓励地方将特色农业发展所需和小区域适用性强的机具纳入地方财政资金补贴范围并加大投入力度,从而满足地方特色需求。各地方政府应当严格按照《农业机械化促进法》的要求,努力增加地方农机购置补贴资金,用于补贴中央目录之外的特色农机产品,满足各地农民的购机需求。地方补贴方式应遵循公平、普惠的原则,对于中央补贴的品目不再进行累加补贴,提高补贴资金的使用效率。

2. 逐步调整和完善补贴范围、标准和方式,鼓励发挥市场的主导作用

在过去的十几年间,受农机购置补贴政策的拉动,我国的农机保有量大幅攀升,但农机市场受政策干预的程度较大,政策补贴偏向哪类农机,哪类农机的市场销售情况就会明显"转暖",反之亦然。对于保有量较大的农机或者机械化

水平较高的地区,应逐步降低政策对市场的干预程度,逐步缩减补贴机具范围,降低补贴定额,还"市"于民。通过市场优化资源的配置,将更多的销量流向适应市场需求、质优价廉、售后服务好的企业,营造"优者愈优,劣者出局"的局面。同时,借鉴发达国家的经验和做法,研究并完善金融支农政策,通过对购买补贴机具的农户实行贷款优惠、向农业生产经营组织优先提供贷款等,促进农业的机械化发展。

3. 进一步加强农机购置补贴资金管理

建议由财政部牵头,对各省(区、市)农机购置补贴资金的使用和结转结余情况进行统计分析,在此基础上研究提出处理意见;尽快出台新的《农机购置补贴专项资金管理办法》,加强对农机购置资金拨付、结算、结转等环节的规范管理。

4. 提高农机机具供货、售后服务质量

只有保证农机机具的安全生产,才能保障农业机械的使用效率。要规范经销商的供货和售后服务操作。对经销商的确定要有严格的准入制度,坚决淘汰质量不符合标准、不够资质条件、违规操作的经销商。随着农机购置补贴政策的开展,大型农业机械增长较快,这些机械分布在乡镇的各个角落,一旦农业机械的售后服务与农业机械的增长结构脱节,不能满足农民的需求,就极可能影响农机购置补贴政策效应的发挥,给购机户造成一定的经济损失。因此,建议首先在各乡镇建立"三包"服务站,同时配备专业服务人员,对农户遇到的技术问题能够就近、及时解决,节省维修时间,减少维修成本,增加农户收入。另外,农机管理部门工作人员定期或不定期地上门查看或通过电话跟进补贴机具的使用情况,了解购机户对产品质量、售后服务的意见。

5. 加强与相关外部政策的沟通衔接

一是将农机用房(维修车间、停放场)明确纳入设施农用地范围,为农业机械化发展做好基础保障。二是借鉴国际发达国家的经验和做法,研究和完善金融支农政策,通过对购买补贴机具的农户实行贷款优惠、向农业生产经营组织优先提供贷款等,促进农业的机械化发展。

6. 加强农机购置补贴的信息系统建设,实现全程信息化管理

加强农机补贴政策执行管理过程的信息化建设,对于转变政府职能、保障政策落实、提高政府工作效率和管理水平具有重要的意义。目前,农机购置补贴初步在公开政策信息、申请审核等环节实现了信息化操作,但在信息内容、信

息共享及数据质量等方面仍有提升的空间。

（1）在丰富信息内容方面：一是增加农机使用、更新及报废等相关信息内容，以满足管理部门的信息需求。二是农机购置资金申请需对整机出厂编号或者发动机编号进行核实并进行编码管理，便于补贴农机机具的查询及监督。三是在投诉环节，增加农户农机质量问题投诉、维修解决情况等方面的信息，提高投诉效率，构建企业积极改进、农机化监督透明、用户满意的质量安全体系。

（2）在信息共享方面：实现全国农机补贴系统联网购，建立起跨部门的综合业务应用系统，与政府各部门的信息系统之间建立必要的网关，使信息能在一定的范围内共享；着手进行统一的检索技术开发和应用，使农民、企业与政府工作人员都能快速、便捷地获取信息和个性化服务，使合适的人能够在对应的时间获得对应的信息服务，以实现公共服务的目标。

（3）在提高数据质量方面，建议农机部门建立健全系统数据的质量管理制度，加强对系统信息真实性的监管，保证数据信息的时效性和真实性。

7. 建立统一的农机补贴政策绩效监测体系

一是加强绩效目标管理。在年度实施方案编制的同时，明确资金使用的绩效目标，清晰反映预算资金的预期产出和效果，并对相应的绩效指标予以细化和量化描述，连同实施方案一并报国家有关部门备案。二是以绩效目标为核心建立统一的农机政策绩效数据监测体系。建议国家有关部门针对农机补贴资金，出台政策绩效监测管理办法，建立统一的、以结果为导向的农机政策绩效数据监测体系。

案例使用说明

一、教学目的与用途

（一）本案例的适用课程

主要适用于"政府绩效评价"课程，也适用于"公共管理学""公共政策分析"等课程。

（二）本案例的教学对象

公共管理硕士（MPA）。

（三）本案例的教学目标

通过对农机购置补贴政策绩效评价全过程的描述，引导学生运用政策绩效评价的理论方法及分析工具解决政策评价的实践问题，从而对谁来评价、评价什么、如何评价、如何应用等问题加深理解。

二、启发思考题

1. 什么是农机购置补贴政策？
2. 为什么要实施这项政策？其政策目标是什么？
3. 如何组织开展评价工作？评价主体、参与主体包括哪些？
4. 农机购置补贴政策的结果链应该如何绘制？
5. 应该从哪些角度对农机购置补贴政策开展评估？如何开发评价问题？如何开发评价指标？如何设计和构建评价矩阵？
6. 评价结果需要哪些数据来源？如何确定权重？结果如何应用？

三、分析思路

通过了解各省（区、市）农机购置补贴资金的实施情况，对农机购置补贴政策的相关性、效率性、效果性、公平性、可持续性以及综合绩效进行分析和评价。主要目的在于总结我国在农机购置补贴资金管理上的经验和教训，并且提出相应的改进建议；同时，通过分析和评价，为政策的调整和完善提供决策依据。

四、理论依据与分析

1. 运用乔迪·J.库赛克和雷·C.瑞斯特的绩效框架理论进行目标框架构建。
2. 依据乔迪·J.库赛克和雷·C.瑞斯特等人的结果导向监测理论和结果链工具进行绩效评价框架的构建。
3. 以参与式观察、非结构式访谈等方式收集资料，并应用若干量化技术资料进行分析，以理解和解释所研究的现象。
4. 对相关的政策部门进行调研，咨询相关专家，与政策受众进行交流。

五、关键点

1. 解决"评价什么"的问题。
2. 解决"如何设计评价过程"的问题。
3. 解决"如何得出评价结论"的问题。

4. 解决"评价结论如何应用"的问题。

六、建议课堂计划

（一）引入案例（10分钟）

教师借助多媒体，以图片、视频等形式，向学生简要介绍农机购置补贴相关的法律、法规、政策。

（二）角色扮演（20分钟）

将学生分为若干小组，分别构建绩效评价框架。

（三）分组讨论（10分钟）

各组经过讨论，将其构建的评价框架写在黑板上。

（四）分组辩论（25分钟）

各组进行公开辩论。

（五）案例点评（25分钟）

教师针对学生分组辩论的情况予以点评，并对案例的关键点进行重点分析。

（六）案例总结（10分钟）

教师总结案例，启发学生对政府绩效评价的更深入思考。

S市高标准粮田"百千万"工程建设评估[*]

陈 华 刘庆乐

摘 要：建设高标准良田工程已成为各级政府和社会各界十分关注的热点。国家统计局S调查队组成专题调查组，通过发放调查问卷、与农业局和项目办等有关部门座谈等形式，就当前高标准粮田项目工程的现状及其存在的问题进行调研和探讨；并实地调查了其下辖5个县市的部分情况，分析研究S市高标准粮田的建设现状，剖析存在的问题及原因，提出相应建议与对策，具有重大的现实意义和深远的战略意义。

关键词：高标准粮田 "百千万工程"建设 评估

S市高标准粮田建设现状

S市地处河南省东部，辖六县两区一市，总面积10 704平方公里，约占河南省总面积的6.4%，有耕地面积1 080万亩，总人口895万人，农业人口占70%左右，是典型的农业大市和国家重要的粮食主产区，也是全国粮食产量超100亿斤的18个地（市）之一，所辖9个县（市、区）全部被列入《国家新增1 000亿斤粮食生产能力规划》粮食生产大县（市），粮食产量占全国的1/90，占河南省的1/9，有"豫东粮仓"之称，被授予"全国粮食生产先进市"，所辖6个县被授予

---

[*] 本案例由中央财经大学政府管理学院MPA学员陈华和中央财经大学政府管理学院副教授刘庆乐共同编写。

"全国粮食生产先进县"。

为了确保粮食增产,根据《河南省人民政府关于建设高标准粮田的实施意见》(豫政〔2012〕28号)的要求,并按照"科学规划、综合配套、稳定面积、规模经营、集中投入、主攻单产"的原则,积极做好全市统一规划。规划包括在2012年全市建成38个万亩方、56个千亩方、23个百亩方,2013—2015年建成115个万亩方、142个千亩方、95个百亩方,2016—2020年建成145个万亩方、177个千亩方、133个百亩方,集中打造802.5万亩平均亩产超吨粮的高标准粮田。粮食综合生产能力稳定在140亿斤以上。该项目已实施三年,据S市农业局资料显示,2012—2014年完成265.5万亩,2015年计划完成75万亩,截至2015年10月已完成50.7万亩,2020年计划全部完成。在建成的高标准粮田区域内,农田基础设施条件明显得到加强,基本达到了"田成方、林成网、路相连、渠相通、旱能浇、涝能排、机械作业无障碍"的生产条件。目前各县(市、区)正扎实推进水利、农业、农机、科技、林业、交通运输、电力、气象等综合配套工作,完善田间配套工程。

S市高标准粮田"百千万"工程调查情况

一、高标准农田调查的基本概况

S调查队对15个高标准粮田进行了调研。15个高标准良田涉及5个县区、15个乡镇。

(1)土地面积。调查结果汇总显示,15个乡镇耕地总面积为108.72万亩,高标准粮田规划面积为51.39万亩,占总耕地面积的47.3%。实有面积43.97万亩,占总耕地面积的40.4%。高标准粮田方项目数34个,调查15个,占总数的44.1%。

(2)资金投入。该工程总投资43 346.28万元,其中中央资金31 636.23万元,占72.9%,农民筹资投劳资金2 999.05万元,占6.9%,其余为省(市、县)资金。

(3)配套设施。调查粮田范围内共有机井5 657眼,配套潜水泵4 115台套,地埋农电线路2 014.35公里,开挖疏浚沟渠603.8公里,动土方5 766.1万方,没有衬砌渠道,埋设管道1 051.76公里,新建桥梁2 106座,整修机耕路551.694公里,硬化机耕路392.58公里。

(4)种植收益。种植结构以小麦、玉米为主;土质多为两合土,有少部分淤地;小麦亩产536.1公斤,玉米亩产579.7公斤。按种植小麦、玉米计算,每亩年收益比普通耕地多234.8元。

二、高标准粮田的具体指标达标情况

根据河南省关于高标准粮田的相关规定,所调查的高标准粮田样本在粮田有效土层厚度、耕作层厚度方面均超过高标准粮田规定。田间基础设施占地率4.23%,符合高标准粮田田间基础设施占地率低于8%的规定;灌溉保证率为97%,高于灌溉率不低于50%的下限;排涝标准为8.6年一遇,农田防洪标准为16.8年一遇,符合良田排涝标准达到5~10年一遇、农田防洪标准达到10~20年一遇的要求;田间工程配套率达到100%;田间道路直接通达的田块数占田块总数的比例为100%;农田防护面积比例为100%;农田电网健全,配备了必要的输配电设施;测土配方施肥技术的推广覆盖率达97%,满足高标准粮田测土配方施肥技术的推广覆盖率达到95%以上的要求;农作物病虫害统防统治覆盖率达到100%,耕种收综合机械化水平为100%,良种覆盖率为100%,均超过高标准粮田的相关要求。

而田间定位监测点覆盖率为63%,未达到基本形成农田监测网络、田间定位监测点覆盖率达到85%以上的要求。15个高标准粮田中有2个没有明确管护责任、管护机制。另外12个有管护资金,其中3个资金落实到位,剩余9个暂时未能落实到位。

从指标达标情况看,S市高标准粮田基本达标。但在农田监测网络、田间定位监测点建设等方面需要加强,田间基础设施的后期维护工作须引起重视。

三、15个高标准粮田与全市平均种粮收益对比

由于2015年全市秋粮单产还未确认,谨以2014年数据做如下对比分析,如下表所示。

2014年15个高标准粮田与全市平均种粮收益对比表

指　标	单位	高标准粮田区域	全　市
夏粮平均亩产	公斤	536.10	478.60
小麦平均价格	元/公斤	2.30	2.30
夏粮收入	元	1 233.00	1 099.40

（续表）

指　标	单位	高标准粮田区域	全　市
夏粮生产成本	元/亩	590.50	
夏粮收益	元	642.50	508.90
玉米平均亩产	公斤	545.50	417.00
玉米平均价格	元/公斤	2.42	2.42
玉米收入	元	1 320.10	1 009.10
玉米生产成本	元/亩	462.60	
玉米收益	元	857.50	535.40
总收益	元	1 500.00	1 044.30

S市高标准粮田建设的主要做法

（1）高度重视，加强组织领导。一是成立领导小组。S市政府专门成立了由农业、财政、水利、国土、农机、电力、林业等部门主要负责同志组成的领导小组，具体负责高标准粮田建设的组织、协调、指导、监督、检查和服务工作。二是实行目标责任制。将高标准粮田建设任务分解到各县（区）、落实到乡村、落实到地块，纳入政府目标考核。三是作为全市农业、农村的重点工作。S市委、市政府把实施好高标准粮田"百千万"工程建设作为全市农业、农村工作的重点工程，全力打造国家粮食生产核心区，确保全市耕地面积不减少，粮食产量有增加，为保障国家粮食安全做贡献。

（2）落实责任，健全考核激励机制。在高标准粮田建设的推进过程中，结合实际，建立健全考评体系，对组织领导、规划编制、工程进度、管理服务机构设置、社会化服务体系建设等进行综合考评。根据《河南省高标准粮田建设工作领导小组关于开展2014年全省高标准粮田建设工作考评活动的通知》（豫高粮办〔2014〕3号）的要求，S市政府对全市2014年高标准粮田建设工作进行了考评。考评主要采取"一听、二看、三评"的方法进行，主要对组织保障及建设任务完成情况、基础设施建设、粮食生产能力、技术跟进及社会化服务四方面内容的24个指标进行综合打分。

（3）多措并举，搞好典型示范。一是实行统一供种。2014年S市对100万亩（比上年增加 13 万亩）高标准粮田的小麦种子实行统一招标。农民用 1 斤麦换 1 斤种子，每亩供种 25 斤，差价资金 1 534 万元，由市、县两级财政共同负担。统一采购众麦 1 号、矮抗 58、郑麦 7698 等 17 个品种共 1 250 万公斤，品种价格最高 1.89 元/斤，最低 1.85 元/斤，加权平均价为 1.873 元/斤，达到了种子质优价廉的目的，为充分发挥高标准粮田高产示范作用奠定了坚实的基础。二是开展"1+4"活动。为了便于群众观摩学习，在全市开展"1+4"活动，也就是在一个高产创建方内集中安排新品种展示田、肥料效果田间试验田、植保专业化综合防治示范田和百亩高产攻关田。

（4）搞好综合配套管理服务。在高标准粮田区域，根据分布区域和规模，因地制宜地设立高标准粮田行政管理机构，负责实施规划和行政执法监督，集中开展综合行政执法，统一管理高标准粮田，对高标准粮田区域土地和道路、电网、水网、林网、环保等公共设施进行管理，确保及时做好各项公共服务工作。

（5）大力宣传，强化舆论保障。充分发挥报纸、电台、电视、网络等新闻媒体的作用，大力宣传高标准粮田建设的重大意义，推广各地推进高标准粮田建设的好做法、好经验，报道竞赛活动中涌现出来的先进典型和模范人物，努力营造全社会关心、支持、参与高标准粮田建设的良好氛围。

S 市高标准粮田建设需要关注的几个重要问题

S 市高标准粮田项目的实施虽然取得了明显成效，但在具体实施过程中还存在一些困难和问题。

（1）资金投入与建设协作机制尚未形成。高标准粮田建设主体在县、实施在县、资金整合在县，该项目由农业、财政、国土、水利、林业等部门共同实施，但在项目实施过程中，涉及多个部门的项目资金，渠道多、资金分散，统一有效的协作管理机制尚未形成，加上项目分口管理，部分项目建设内容不能按照全市规划大局进行安排，影响了项目实施的质量和效果，以及高标准粮田建设的进度。

（2）项目区内设施管护亟须加强。一些项目在实施后，由实施单位移交由当地管理，由于管护机制不健全，后续的田间工程管护资金不足，而村集体和群众又不愿投入，导致机电井、田间出水管道等设施损坏，加之维修、维护不及时，出现变压器、电缆线等设施丢失损坏，机井坍塌、淤塞，偏远地块井电不配套等现象,遇到干旱等不利气候,农田设施往往不能发挥应有的作用,一定程度上影响了项目工程作用的有效发挥。

（3）新技术推广实施难度加大。由于当前农村大部分青壮劳动力外出打工,在家种地的多是老年人,文化程度低,对新技术的接收能力较差,技术培训人员组织难度大;有些技术虽然在应用前对农民进行了多次培训指导,但农民在具体应用时还是不能完全按照技术要求去做,如在浇水、施肥、防治病虫草害等管理措施落实上,部分群众只求省力省事,不能按照技术和时间要求去操作;新技术推广方面,农民时有顾虑、惧怕失败,在一定程度上影响了科技项目的推广效果。另外,部分地方土壤测试、植保检测、农技推广等缺乏必要的技术设备,再加上科技意识不强,导致耕作粗放、土地利用率相对较低,不能适应高产开发的需要。

（4）土地流转服务体系不健全,没有形成统一完善的服务平台。虽然近年来农民合作社、家庭农场等新型农业经营主体发展较快,土地流转面积迅速增加,但是大面积的土地流转较少,整村、整区域的土地流转更少,一些农民的恋土观念仍比较强,对土地流转还保持较犹豫的心态,乃至不愿流转;土地流转的地块较为分散,仍以单家单户或小规模种植户为主。土地的分散不仅不利于高标准粮田跨村、跨乡镇、跨区域开展的工程建设,更不利于高标准粮田建设工程的后期管理和农业综合效益的提升。

对策建议

1. 以"三高"建设为起点,科学规划布局

以科学严谨、着眼长远、循序渐进的态度,抓好高标准粮田建设的总体规划和布局,实现高标准粮田建设的高起点、高标准、高效益。按照"田成方、林成网、渠相连、路相通、旱能灌、涝能排"的高标准粮田要求,进行全面系统规划。进一步完善建设规划,加强与土地总体利用规划、城乡建设规划、交通建设规划、水利建设规划相衔接,增强高标准粮田建设规划的包容性、连续性。实行分级负责,层层落实工作责任。健全多部门共同协商、密切协作、互相支持的工作机制。

2. 以项目建设为平台,形成工作合力

结合高标准粮田"百千万"工程建设规划,注重发挥高标准粮田建设领导小

组办公室的协调督导作用,加强农业、财政、国土、水利等部门的沟通协作,确保各部门建设项目集中安排在高标准粮田区域内,进一步强化资金整合。针对高标准粮田"百千万"建设工程高投入的特点,按照"渠道不乱、性质不变、统筹安排、集中使用、各负其责、各记其功"的原则,以县(市)为主体,实行"多渠道进水,一个池子蓄水,一个龙头放水",坚持"项目跟着规划走,资金跟着项目走",有效整合各类农田建设项目资金。真正把规划落实好,把项目建在规划区内,把资金投在项目上。合力推进田间基础设施建设,奠定粮食稳产、高产的基础。

3. 以确保效益为目标,加强设施管护

按照"基础设施、资金整合、配套服务、管理保护、考评奖励"五个高标准的要求,狠抓各个环节的质量管理,着力提升工程建设标准。高标准粮田投入使用后,因地制宜地设立高标准粮田管理机构,本着"谁受益、谁管理、谁负责"的原则,加强对高标准粮田区域内的土地和道路、电网、水网、林网、环保等公共设施进行管理,确保及时做好各项公共服务工作,积极探索工程管护的长效机制,保证物尽其用。提高管护者的责任性、使用者的自觉性,确保田间设施一次性投入建设,长期发挥建设效益。

4. 以科技服务为支撑,加强技术跟进

高标准粮田建设到哪里,科技服务就开展到哪里,积极引导群众应用高产栽培技术模式。在高标准粮田示范区,重点推行"一集成六统一"的高产创建模式,即把技术组装配套起来做集成推广,统一技术指导、统一配方施肥、统一供种、统一机耕、统一播种、统一进行病虫害防治。围绕年亩产粮食 1 250 公斤的生产能力,制定集成粮食增产模式。推广普及深耕深松、夏玉米免耕播种、病虫害专业化统防统治、测土配方施肥等先进实用技术。开展农业适应气候变化、农业气候资源高效利用及农业气象业务服务保障等技术推广应用工作,提升高标准粮田科技支撑能力。同时,充分利用现代媒体、农业技术服务专线等途径,多措并举,解决农业技术推广和综合信息服务"最后一公里"和"最后一道坎"的问题。在保证粮食增产的同时还要保障农产品质量安全,尽量减少化肥、农药的使用,大力推广有机肥的使用,推广应用绿色技术,推动粮食产量稳步提升,保障国家粮食安全。

5. 以增产粮食为前提,创新流转机制

在高标准粮田建设的县建立县级服务大厅、乡镇服务中心和村级服务点三级土地流转服务机构,搭建流转服务平台,统一规范土地流转,并为土地流转提供转前、转中、转后全程服务。创新土地流转机制,允许和鼓励农民按照依法、自愿、有偿的原则,以入股、租赁、置换、转让、抵押等多种形式流转土地承包经营权以实现土地的规模化经营。加强政策引导,制定奖励优惠政策,使高标准粮田区域内土地向专业大户、家庭农场、农民专业合作组织等新型农业经营主体流转,增加新型农业生产经营主体规模经营的面积,以提高粮食生产的规模化水平。逐步建立完善企业、农民专业合作组织与农户之间的利益联结机制,使龙头企业、农民专业合作组织与农户结成风险共担、利益共享的经济共同体,真正让农民从中得到实惠。

案例使用说明

一、教学目的与用途

(一) 本案例的适用课程

适用于"公共政策分析""政治学""公共管理学"的课程教学,以及政府治理与改革的相关课程。

(二) 本案例的教学对象

公共管理硕士(MPA)。

(三) 本案例的教学目标

1. 掌握政策评估的基本概念,明确政策评估的方式,以及如何根据政策类型进行合理的政策评估。

2. 学会针对不同的公共政策进行评估,采用适宜的标准进行评估,指出其中存在的问题,同时给出相应的建议对策。

3. 能将政策评估的相关理论用于实际的政策评估之中。

二、启发思考题

1. S市调查队采用了什么样的标准进行具体的对比分析?

2. 案例中完整的政策评估过程主要由哪些步骤构成?

3. 你认为本案例中采用了什么方法进行政策评估,除此之外,你认为还可以采用什么样的方法?

三、分析思路

首先根据案例中的评估路径进行政策分析,明确政策评估所需的必要步骤。将 S 市所执行的政策根据实发文件进行分析,明确为什么要对政策执行后的效果进行实地调研,对比政策执行前的实际状况,从而得到政策执行带来的实际效果。在阅读案例的过程中,根据调研小组的思路,思考为何能够发现政策中存在的问题,理论依据在哪里。

四、理论依据与分析

政策评估是依据一定的标准和程序,对政策的效益、效率及价值进行判断的一种政治行为,目的在于取得这些方面的有关信息,作为决策变化、政策改进和新政策制定的依据。简而言之,政策评估其实就是一个发现误差和修正误差的过程。

政策评估总共经历了四次演变,而每一代的政策评估都各有其特点。古巴和林肯(Cuba and Lincoln)认为"政策评估可以分为四代:第一代是测量取向的评估;第二代是描述取向的评估;第三代是判断取向的评估;第四代是特别重视政策厉害关系人对于政策的反应态度和意见"。其中,第一代政策评估在研究方法上普遍采取实验室的实验法,以测量(measurement)为主,评估者扮演技术者角色(technician),同时该方法的开展范围有限;而第二代评估面向现实生活,评估中关心的是人格态度,评估是通过实地实验的方式进行,评估的核心是客观描述;第三代政策评估集中在政府内部,评估的重点是有关消除社会不平等的政策,运用的方式是社会实验,评估的核心是判断;第四代评估为回应性-建构性评估,强调非正式取向、价值多元、非正式沟通,重视政策利害关系团体要求并向其反馈,主张采用主观研究法。

此外,政策评估从不同角度也可以分为多种类型。从评估组织活动形式的角度可分为正式评估和非正式评估,从评估机构地位的角度可分为内部评估与外部评估,而根据政策评估内容的不同可分为政策影响评估、政策效率评估和政策效益评估,除此以外,还可以从其他角度分为更多的类型。

政策评估的过程中,必须拥有固定且明确的标准,借此来判断政策执行后所带来的实际效果。通常情况下,人们会采用美国学者邓恩的观点,从六个方面进行判定,即效率、效益、公平性、充足性、回应性和适宜性。

公共政策在确立相关标准之后,需要经过三个阶段,并选择相应的模型方法,如成本效益分析法、对比法、统计抽样评估法和其他评估方法等。通过这些基本的模型和方法才能更好地进行政策评估。针对不同的现实情境和实际的政策,所运用的模型和方法也会产生相应的区别。

目前,公共政策评估领域仍存在诸多的问题,实践过程中也有诸多的困难需要解决。

五、关键点

本案例主要聚焦于已经实施的政策而进行政策评估,根据现有的政策执行的效果,与控制对象(即未实行此政策的部分)进行对比,从而可得二者之间的差异,根据相应标准,也可评判出与理想中的政策效果有出入的原因和需要改进之处。

1. 建立高良田"百千万工程"政策评估的衡量标准

由于涉及的公共政策属于农业领域,有可衡量的具体数据,且便于与不同的对象进行对比分析,因此,S市调查队从公共政策的运行实践这一角度,具体确定以效益为标准进行对比。这一标准主要运用了评估中的效率标准即衡量政策取得的效果所耗费的政策资源的数量,它通常表现为政策投入与产出之间的比例。政策投入包括政策活动中所投入的人力、物力、财力、信息和时间等。政策的产出是政策执行过程中产生的结果。

S市调查队所建立的效率标准与邓恩的政策评估衡量标准思想一致,但仅仅调用其中的一部分。邓恩的衡量标准中认为效率用于衡量这个有价值的结果的完成在多大程度上解决了目标问题,而其具体的说明性指标则在于单位成本、净利益、成本-收益比三个方面。调查队将平均亩产、平均成本和平均收益具体进行对比,以便进行政策效果的评估。

2. 运用合理的方法构建S市农业政策评估的模型和方法

显而易见,采用不同的政策评估方法主要取决于评估对象的具体情况。通常而言,政策评估有四种方法:成本-效益分析法、对比法、统计抽样评估法和其他评估法。具体如下:

(1) 成本-效益分析法。在本案例中,农业产业的产出与成本较好衡量,S调查队也通过实地调研和数据统计的方式,获取了亩产量、平均价格、收益和成本的具体数据,根据两者的对比来评估政策执行的收益与投入,是否达到了预期标准,以及是否在执行中存在缺陷等问题。

(2) 对比法。具体分为四种类型:简单的"前—后"对比分析"投射前—实施后"对比分析"有—无"对比分析"控制对象—实验对象"对比分析。

(3) 统计抽样分析方法。在本案例中,S调查队通过在全市进行抽样来获取代表度较高的样本进行调查,从而实现对于结果的分析和研究。

3. 根据调查结果与预期之差,利用科学方法得出改进政策的对策

与预期政策所能达到的目标的差距究竟有多大,怎样才能改进并更好地实现这些目标都是政策评估需要解决的问题。S 调查队通过实地调研等方法,在机制、技术、责任分配等多方面找出不足,并给出了切实可行的对策。

六、建议课堂计划

1. 引出案例,首先明确案例的主要内容是围绕公共政策分析的哪一主题展开的,由此连接到相关概念,并阐述其基本分类。

2. 与学生一起缜密分析案例的评估过程,明确政策评估需要做哪些准备工作,以及在此过程中需要注意什么。

3. 与学生一同探讨,调查队是采用何种方法开展公共政策评估的,这种方法的优点和缺点各是什么。此外,带领学生一同明确如何在获悉缺陷后,给出实际可行的对策。

城市治理

临港产业园区规划建设管理模式探讨
——以唐山曹妃甸工业区为例*

姜 玲

摘 要：本案例描述了唐山曹妃甸工业区的规划建设发展历程，重点提出了曹妃甸目前面临的基础设施融资、产业招商、职住分离和生态保护等方面的问题，需要我们从战略管理、公共治理和产业发展等多个角度进行深入的探索。

关键词：曹妃甸 临港产业 规划建设 投融资 职住分离

背景介绍

"兹拟建筑不封冻之深水大港于直隶湾中……顾吾人之理想，将欲于有限时期中发达此港，使之与纽约等大。"[1]早在1919年，伟大的民主革命先驱孙中山先生就把深邃的目光投向了北方深水大港，而孙中山先生心目中的北方深水大港，指的就是曹妃甸。

曹妃甸地处唐山市南部沿海，原是一座东北—西南走向的带状沙岛，为古滦河入海冲积而成，至今已有5 500多年的历史，因岛上原有曹妃庙而得名。"面向大海有深槽，背靠陆地有浅滩，地下储有大油田，腹地广阔有支撑，生态良好有湿地"是人们对曹妃甸资源条件的一致评价，曹妃甸具有得天独厚的临港

---

* 本案例由中央财经大学政府管理学院姜玲教授编写。

[1] 孙中山.建国方略[M].武汉出版社,2011.

产业开发条件。

2005年,北京绿色奥运工程的实施促使北京首钢落户曹妃甸,曹妃甸这块原本在唐海县18公里以外的海上小沙丘,逐渐成为唐山乃至河北的重要发展引擎,党和国家领导人多次视察曹妃甸并对其发展寄予了殷切的期望。

国家对曹妃甸的发展定位是,以建设国家科学发展示范区为统揽,把唐山曹妃甸建成我国国际性能源、原材料主要集疏大港,世界级重化工业基地,国家商业性能源储备和调配中心,国家循环经济示范区。2012年9月,国务院对唐山市部分行政区划进行调整:决定撤销唐海县,设立唐山市曹妃甸区,为曹妃甸的发展提供了行政区划上的保障。

在荣耀与光鲜的背后,曹妃甸也面临很多现实的问题,如巨额的基础设施投资需求背后的融资路径问题、高端产业定位与现实发展需求的矛盾问题、渤海脆弱的海洋生态与临港产业发展的协调问题、填海造地的生态影响与恢复问题等,需要这片土地的决策和经营管理者去思考及探索。

曹妃甸的规划建设发展历程

一、前期战略研究期

从1992年曹妃甸工程前期工作启动开始,先后有50多项工作成果和科研课题立项完成,经14名院士和3 500多名专家、学者反复论证、研讨和优化,为国家科学决策提供了大量科学、翔实的依据和定性结论。

作为总体规划编制的前期工作,曹妃甸工业区先后编制了《唐山港总体规划》《曹妃甸工业区水资源论证报告》《曹妃甸循环经济示范区产业发展总体规划》《曹妃甸循环经济示范区产业发展总体规划》等文件。

二、第一轮总体规划

2003年,河北省正式决定开发曹妃甸,并将其作为"河北省一号工程"。2005年,国务院决定将首钢搬迁至曹妃甸。同年2月,国家发改委正式批复了首钢搬迁方案,首钢正式搬迁至曹妃甸工业区,曹妃甸工业区管委会成立并启动了第一次曹妃甸工业区总体规划的编制工作。

2005年年底,第一轮总体规划基本定稿。该规划明确了曹妃甸的发展定位,谋划了弹性的空间布局,形成了以"钢铁+石化+加工工业"为主导产业和配套产业的发展模式。规划还提出了占地面积 52 平方公里，依托港口和钢铁工业发展的近期发展规划。

三、起步期控制性详细规划

在第一轮总体规划的指导下，曹妃甸工业区启动编制了曹妃甸起步期的控制性详细规划。该规划提出起步的功能定位和各项控制指标，为起步期的建设提供了技术指标支撑。此外还提出了北区作为生产者服务基地、码头区作为曹妃甸临港物流中心的发展定位。

四、第二轮总体规划

2007 年，国务院批复唐山港总体规划，对曹妃甸港区的定位、岸线布局的规划进行了调整，第一轮总体规划确定的工业区范围发生了变化。同年，河北省人民政府批准成立的曹妃甸新区①，为曹妃甸产业发展提供了政策支持。2010 年，国家批复了曹妃甸港区和循环经济示范区的相关规划，对曹妃甸的发展提出了新的要求和挑战。

为适应上述环境的变化，曹妃甸启动了第二轮总体规划的编制工作。规划提出要适当发展陆上空间，集约用地空间，有效利用港口资源，保障龙头企业业主码头和公共岸线并举，保障核心企业的良好运行。因为一旦综合服务区和新城错位发展，导致永久性职住失衡，将不可避免地带来交通、市政等基础设施供给的困难。

五、生态城规划

根据第二轮总体规划的有关内容，拟在曹妃甸工业区东北方向 5 公里、东距京唐港区 25 公里、临海且不占用耕地的沿海滩涂 150 平方公里内建设一座现代化生态城市。自 2007 年 12 月以来，曹妃甸先后两次召开国际定向咨询会议，邀请英国奥雅纳工程顾问公司、美国易道·国际设计公司、荷兰 DHV 公司、清华规划院等国内外知名设计单位开展曹妃甸新城的概念性规划编制工作。

2008 年 4 月，借鉴瑞典马尔默新城、哈马碧生态城等"共生城市"的成功经验，确定由瑞典大使馆指派的瑞典 SWECO 国际工程建筑咨询公司与北京清华城市规划设计研究院合作，共同开展曹妃甸生态城一系列的规划编制工作。先后完成《曹妃甸生态城总体规划》《一期 30 平方公里概念性规划》《起步期 12

---

① 按照河北省民政局的批复，曹妃甸新区辖原唐海辖区、南堡开发区、南堡盐场、滦南县南堡镇、柳赞镇。

平方公里控制性详细规划》等一系列法定和专项规划。

曹妃甸的现实困境

在上述规划工作的指引下，又经过十多年的发展，曹妃甸已经初步建成105平方公里的工业区，具备年产400万吨钢的大型钢铁基地投产，电力、铁路、公路等配套基础设施建设已经完成，起步期建设基本完成，曹妃甸新城也投入建设并初见成效。但是，作为一个"无中生有"、从大海里"吹填"出来的工业园区，还面临很多发展的瓶颈。

一、基础设施融资问题

作为填海造地的一个工业园区，曹妃甸从填海到路桥建设、"三通一平"[①]，需要巨额的前期投入。国家开发银行作为国家基础设施的投资主体，一直是国内大型工业区、城市新区开发建设的主要融资对象，但仅靠其有限的支持显然不能满足曹妃甸持续十多年的高强度投入。如何通过市场化手段获得基础设施建设所需的资金池，是曹妃甸目前最为关键的一个问题。

二、产业招商问题

根据曹妃甸的产业规划定位，落户曹妃甸的企业是以首钢京唐钢铁联合有限责任公司的国字号大型国有企业，或者在科技领域具有较好前景但还处于培育期的科技企业，这些大中型国有企业存在决策周期长、产出慢、市场灵活性小的问题，而在这些方面具有优势的普通中小企业并不能达到曹妃甸的入区门槛。作为处于起步期的城市新区，如何在产业招商中实现突破及自我造血，也是摆在曹妃甸工业区的决策者面前的一项重要课题。

三、职住分离问题

根据曹妃甸工业区的总体规划，生态城是其未来的服务区和中心城区。曹妃甸生态城距曹妃甸工业区核心区范围的通勤距离达40多公里，如何在近期、远期解决职工的职住分离矛盾，又是一个令新区管理者头疼的问题。

四、生态保护问题

除上述规划建设及发展问题之外，渤海脆弱的海洋生态与临港产业发展的

---

① 建设项目在正式施工以前，施工现场应达到水通、电通、道路通和场地平整等条件的简称。

协调问题也相当突出,无论是围海造地,还是大钢铁、大石化项目的上马,对于作为内海的渤海来说,其环境影响是显而易见的。如何在开发建设中有效地保护海洋生态环境,是曹妃甸必须为后人考虑的重要问题。

结尾

曹妃甸是一个养育了一代代海的儿女的好地方,在这个美丽的小沙丘上,曾经有很多唐海渔民留下了辛勤捕鱼的身影。在现代化和工业化的冲击下,曾经在内陆深处的工厂竖立在了大海深处,曾经的"沧海桑田"变成了现代化的工厂厂房和柏油马路。

面对现代化的冲击,如何有效地规划和管理曹妃甸的未来,是我们公共管理学界需要认真思考的问题。

案例使用说明

一、教学目的与用途

(一)本案例的适用课程

主要适用于"城市管理学理论与实践"课程,也适用于"公共部门战略管理"课程。

(二)本案例的教学对象

公共管理硕士(MPA)。

(三)本案例的教学目标

引导学生探讨曹妃甸临港产业园等类似国家战略主导型产业园区的发展模式选择、发展面临的问题,以及评价类似园区发展模式的成功与否。

二、启发思考题

1. 曹妃甸临港产业园的战略规划过程如何?其中缺少了哪些利益相关者的参与?相应导致哪些问题的出现?这些问题是我国产业园区规划面临的普遍问题还是曹妃甸产业园这一特定个体的问题?

2. 曹妃甸临港产业园的产业集聚体系特征如何?存在哪些问题?

三、分析思路

首先运用公共战略管理理论,从战略管理过程及各环节的关键问题入手,思考各环节完整与否、战略环节中相关参与者的参与情况及利益受损情况。而后应用产业集群理论,从产业体系本身的发展以及产业要素、产业环境等产业集聚形成的驱动力等多方面进行思考。

上述案例思考要进一步拓展到我国类似园区的发展情况,进行对比分析。

四、理论依据与分析

1. 应用公共部门战略管理和战略规划的过程理论与方法。
2. 应用产业集聚理论,包括波特的产业集群理论、产业集聚理论等。

五、关键点

关键点是战略管理和规划中的过程理论、利益相关者理论、产业集群和集聚理论。

关键是要讨论如何推广其经验,供学员们在主持或参与类似地区发展规划时借鉴。

六、建议课堂计划

(一) 案例研读(15分钟)

(二) 关于启发思考题1的思考和讨论(15分钟)

(三) 关于启发思考题2的思考和讨论(15分钟)

(四) 相关案例的提出和比较(30分钟)

共享单车能否与城市共享未来
——成都处置摩拜单车事件的过程及其启示*

张 腾

摘 要: 本案例以2016年11月24日成都市天府新区华阳街道城管收缴共享单车为背景,围绕《成都市市容和环境卫生管理条例》和《成都市非机动车管理条例》的相关条款,对政府如何管理共享单车这种新生事物,以及共享单车能否与城市共享未来进行讨论。11月27日,最终被收缴的单车已被取回,并全部投放到允许停放非机动车的街道区域,供市民继续使用。之后成都市政府出台的一系列管理规定规范了共享单车在成都的发展,也为全国其他城市政府管理共享单车提供了参考。共享单车的发展最终可以实现"共享、共治、共赢"。

关键词: 城市管理 共享单车 摩拜单车 城管

背景介绍

随着科技的进步及时代的发展,2016年摩拜公司进行理念创新,结合互联网技术,重新设计了车身和智能锁,让自行车出行变得更加便利,共享单车应运而生。共享单车作为一种"互联网+交通"的新业态,可为市民短距离出行和公

---

* 本案例由中央财经大学政府管理学院MPA学员张腾编写。

共交通系统接驳换乘提供解决方案,解决"最后一公里"的出行问题。日渐兴起的共享单车,虽然为市民短距离出行和公共交通系统接驳换乘提供了方便,摩拜单车作为解决"最后一公里"问题的代步工具在投放后也确实获得了不少成都市民的青睐,但在方便市民出行的同时,共享单车也产生了一些负面影响,比如,乱停乱放、侵占盲道、妨碍交通等。

成都市是共享单车运营比较早的城市,2016年11月16日深夜,摩拜公司在成都投放了第一批摩拜单车,成都成为摩拜单车继上海、北京、广州和深圳之后进入的第五个城市。摩拜单车在成都的运营是曲折的,经历了城管收车和处罚,引起广大市民、舆论媒体的关注。但经过成都市政府与企业、市民的良好沟通,摩拜公司取回了被收缴的单车,并重新按规定投放,供市民继续使用。如此一来,企业的正当利益得到了保护,市民的合法权益得到了保障,政府相关部门也抓紧研究如何规范管理。最终全国首个城管收缴共享单车事件得以顺利解决。

成都处置摩拜单车事件回顾

一、事件缘起

摩拜单车登陆成都一周以来,成都市天府新区华阳街道办事处城市管理办公室(以下简称城管办)热线举报量直线上升。市民毕先生认为,共享单车绕过了正常的管理体系,在方便用户的同时,对城市环境造成了一定负面影响,比如乱停乱放给行人、机动车带来安全隐患。市民朱先生表示,共享单车的本意是创造便利,但过量投入反而侵占了城市的公共空间;一些单车随处停放,连人行道、盲道都被占用,一方面影响其他人的出行,另一方面也有损市容市貌。共享单车使用者胡先生表示自己在停车的时候很困惑,"划分固定的停放区域和便利性有矛盾,不知道停哪合适,于是看哪里停的车多就跟着停哪里"。总有市民打电话或者到城管反映,这个情况立刻引起了成都市华阳城管的重视。

在接到举报后,华阳城管工作人员第一时间到现场进行实地勘察,发现确实存在市民反映的问题:共享单车乱停乱放现象明显,存在占用人行道、盲道和机动车道的情况,严重阻碍了道路通行,破坏了城市的美观。共享单车集中在"摩拜单车""1步单车"和"永安行"这三个品牌。此前华阳城管没有收到任何单位的批复,或者有任何企业到城管部门来进行备案,提出街面摆放的申请。

华阳城管先对辖区内点位进行摸排调查,建立共享单车停放区域台账,为集中整治共享单车占用城市道路的违法行为打下了基础。在做好基础工作后,又确定了整治日期及具体的执法方案。

华阳城管认为,共享单车违反了《成都市市容和环境卫生管理条例》中"禁止占用城市道路开展经营活动"的条款。自 2016 年 11 月 24 日清晨开始,成都市华阳街道办事处城管办开展了集中整治行动,执法队员们根据部署正式开始执行整治行动计划,彻底清理辖区内违规停放的共享单车,将拉回的车辆暂时扣押在城管办院内。随后华阳城管出动三分之一的工作人员对辖区内的共享单车进行了清理,一名执法队员表示:"如果说一条人行道有 50 米,那么共享单车都沿着人行道摆满了。"11 月 24 日的清理大约出动了 15 车次;25 日上午,又收了约 50 辆共享单车。在为期两天的收缴中,华阳城管总共收缴摩拜单车 193 辆,收缴 1 步单车和永安行车辆共计 204 辆。成都成为全国首个城管收缴共享单车的城市。

消息被当地媒体爆出不久,华阳街道城管办相关负责人表示:"我们不反对新生事物。低碳环保的共享单车可能还能改善华阳片区的拥堵状况。但是如果不规范管理,很有可能会加剧拥堵。我们既没有立案,也没有处罚。"

成都市城管委员会表示,他们从城市管理的角度密切关注城市共享单车,正与相关公司就单车投放和停放管理等问题进行沟通。共享单车是新生事物,管理涉及成都市交通运输委员会、公安局、交通管理局等多部门,涉及城市管理的情况将由城管委上报市政府。

二、关于城管执法应用条例的合理性

1. 城管执法的依据为《成都市市容和环境卫生管理条例》

华阳城管认为,收缴的共享单车违反了《成都市市容和环境卫生管理条例》中"禁止占用城市道路开展经营活动"的条款。

2. 城管委员会的依据为《成都市非机动车管理条例》

成都市城管委员会否定了华阳街道城管的执法行为,认为华阳城管存在执法有误的情况,也指出对于共享单车的停放问题,执法主体不应当是城管部门:"我们基层的执法人员依据的法律法规错了,须加强对基层执法队员的业务培训。"市城管委员会认为,对共享单车乱停乱放等问题的处理应依据《成都市非机动车管理条例》,该条例第二十三条规定,自行车等其他非机动车,禁止在车站、轨道交通站点等交通集散地,以及医院、学校、商场、步行街等人员流动密集场所周边区域的非停车道路上停放。共享单车的停放问题应按照《成都市非机动车管理条例》,由交警部门进行处置。

三、市政府对收车事件的反应

11月27日,成都市政府秘书长、市政府新闻发言人张正红表示,共享单车给市民出行提供了新的选择,为市民出行"最后一公里"提供了极大便利。成都市委、市政府鼓励支持包括"共享单车"在内的新模式、新业态在成都发展,也希望各类企业基于市民需求提供更加周到、便捷、安全的服务,共同把成都建设成为绿色低碳城市。张正红表示,成都市政府注意到,"共享单车"在带给大家便利的同时,也暴露了一些不容忽视的问题,比如侵占盲道、在机动车道不规范停放等问题。对此,我们既不能简单地说"不",也不能熟视无睹、放任不管,市委、市政府已要求城管、交管等相关部门抓紧研究如何规范管理和有序运营,切实保障市民的合法权益,保护企业的正当利益,推动产业持续、健康地发展。

至此,摩拜单车被成都城管收缴一事暂时告一段落。

四、成都市出台鼓励共享单车发展征求意见稿

2017年1月9日,为鼓励共享单车健康、有序地发展,成都市交通运输委员会牵头起草了《成都市关于鼓励共享单车发展的试行意见(征求意见稿)》,向社会公开征求意见。公众可以通过电子邮件、信件邮寄等方式提出反馈意见,意见反馈截止时间为2017年2月8日。

2017年3月3日早上10时,成都市交通运输委员会、成都市城市管理委员会和成都市公安局联合印发了《成都市关于鼓励共享单车发展的试行意见》(以下简称《试行意见》)。作为全国第一个颁布共享单车行业管理依据的城市,《试行意见》贯彻了服务市民便捷出行、尊重市场资源配置、完善基础服务设施的"服务型"行业管理理念,这是本次成都市共享单车新政的最大亮点。该文件进一步明确了政府、运营企业和使用者的相关责任,有利于引导共享单车规范、有序地发展,推动市民绿色低碳出行。《试行意见》明确规定:成都市将依据《成都市中心城区公共区域非机动车停放区位技术导则》,加快推进自行车停车点位的划定工作;同时,按照属地管理原则,加强共享单车停放秩序的管理;此外,共享单车运营企业应在本地设立服务机构,具备线上、线下服务的能力,组建专业运行维护队伍,建立使用者投诉机制,设置服务监督机构等,并协助政府

部门调查违法行为。《试行意见》自发布之日起施行,适用于成都市五城区及高新区、天府新区成都直管区,其他区(市)县参照执行,有效期为1年。

案例分析

华阳街道城管的暂扣行动最终以各方握手言和而告终。在"释放"了近200辆共享单车之后,华阳街道城管有关负责人表示,新兴的共享单车对解决成都城市拥堵问题、方便市民出行有正面作用,他们"非常支持";同时希望双方加强沟通,天府新区华阳街道路边的公共停车位置可以提供给共享单车使用。

本事件暴露出在互联网新技术的发展下,新生事物的出现不能僵化地采用原有的条文进行管理,应该广泛征求社会意见,政府积极作为,企业规范运营,公众积极参与。新生事物从出现到规范需要时间和各方面的磨合。问题一旦出现,切忌"一棒子打死"。一方面需要时间来制定规则和适应规则,另一方面也需要政府管理部门、共享单车公司及单车使用者的沟通与配合。

对于政府来说,推进交通低碳发展,实行公共交通优先,加强轨道交通建设,鼓励自行车等绿色出行方式,是国家"十三五"规划的要求。在这种背景下,共享单车进入成都,以市场和企业的行为来推进慢行交通,政府应该表示欢迎,并在管理上立即跟上,与此同时展开慢行交通的宣传和推广,将会产生良好的效果。

对于共享单车公司来说,在进驻之初就应该先与政府有关部门接洽,根据相关原则和指导意见,具体落实停靠点,并在用户使用过程中相应地告知。政府、公司和个体等多方力量理应"共享"单车管理。由于当前公交站点的密集程度还不够,共享单车的需求是必然存在的。但是共享单车本身的停车行为,需要政府从静态、动态的交通上进行系统性的规划。比如荷兰的阿姆斯特丹,其单车道、停车场和修车点都非常完备。基于城市管理的服务角度,在合理的地方划定停车区,能够在一定程度上避免乱停乱放给市民带来的困扰。

城市管理非常复杂和琐碎,对城市管理者提出了较大的考验,需要他们发挥聪明才智通盘考虑和分析。随着新生事物的出现,使用者本身也要逐步提升自己的素质,这是解决问题的一个重要方面。但四川大学公共管理学院教授史江也表示,并不能完全把问题归结到老百姓的素质上。如果并未告知一个具体的规范,在使用过程中就会出现因不明确停放规则而导致问题的出现。面对共享单车带来的变化,政府不能再采用"安全、保守"的排斥做法来粗暴应对,而应该及时建立与企业对话、沟通的机制,完成出行结构调整的共赢。

综上,逐步完善规则,是解决问题的必经之路。

结束语

共享单车致力于让每个人都更便捷地完成城市短途出行,解决人们出行"最后一公里"的问题,其倡导的绿色出行有利于环境保护,并在很大程度上缓解了交通拥堵状况,让城市生活更智能、更美好。

全国首例城管收缴共享单车事件已告一段落,但其背后存在的问题不得不引起政府、企业、市民的深思,突显了当前城市管理的短板,对于如何规范共享单车运营管理的争论,并未画上句号。

案例使用说明

一、教学目的与用途

（一）本案例的适用课程

主要适用于"公共管理学"课程,也适用于"公共管理学""公共政策分析"等课程。

（二）本案例的教学对象

公共管理硕士（MPA）。

（三）本案例的教学目标

本案例通过再现成都处置摩拜单车的过程,引导学生运用公共管理学的理论方法及分析工具对案例中涉及的各方管理部门进行分析,从而对公共部门的分析和选择加深理解。

二、启发思考题

1. 发展共享单车面临的内外部环境如何？
2. 成都收缴共享单车是如何上升为政策议程的？
3. 围绕共享单车在成都的发展存在哪些争论？涉及哪些利益相关者？
4. 政府各部门在回应收缴共享单车的各种争论中扮演了怎样的战略角色？

5. 政府部门最终对共享单车投放问题所做出的战略选择是什么？

三、分析思路

首先分析共享单车在成都被收缴问题出现的原因和背景,并明确这一问题上升为政策议程的路径。当共享单车进入公众视野后,分析在公共领域中就这一问题形成的各种争论以及涉及的各方利益相关者,并综合分析评价政府部门在从战略发起、战略议题提出、利益相关者参与,到最后的战略选择的过程中所扮演的战略角色。

四、理论依据与分析

1. 将成都市收缴共享单车的问题解读为一个战略议题的设立过程。

2. 运用利益相关者分析法,分析共享单车在成都运营所涉及的各方利益群体。

3. 根据公共部门战略角色类型的划分理论,定位政府各部门在成都市收缴共享单车过程中分别扮演的战略角色。

五、关键点

1. 成都市处置共享单车事件的缘起及过程。
2. 成都市处置共享单车事件涉及的各方利益群体。
3. 围绕共享单车与城市管理形成的争论焦点。
4. 政府各部门的战略角色定位分析。

六、建议课堂计划

（一）引入案例（10分钟）

教师借助多媒体,以图片、视频等形式,向学生简要介绍摩拜公司及其在成都市的发展情况,以及相关的法律法规和政策。

（二）角色扮演（10分钟）

将学生分为若干小组,分别扮演摩拜公司、成都市交通委、成都市城管局、成都市政府、普通市民、学者等角色。

（三）分组讨论（20分钟）

各组经过讨论,将赞成与反对共享单车发展的理由写在黑板上。

（四）分组辩论（30分钟）

各组根据扮演的角色进行公开辩论。

（五）案例点评（20分钟）

教师针对学生分组辩论的情况予以点评，并对案例的关键点进行重点分析。

（六）案例总结（10分钟）

总结案例，启发学生对公共部门战略管理的更深入思考。

社会治理

北京市科学技术协会"百强社团"建设案例研究[*]

曹堂哲　崔楚虹

摘　要：本案例描述了北京市科学技术协会(以下简称"科协")"百强社团"建设的背景及评估指标体系，重点对评估指标体系的设计是否科学、合理进行分析研究，并结合绩效评估相关知识进行探讨，应如何提高我国公共部门评估活动的科学性与合理性，以使评估可量化。

关键词：公共部门　评估指标体系　可量化　科学性　合理性

引　言

社会组织评估分为自评估、政府评估和第三方评估等多种形式。社会组织"年检"和"评估"是政府强化社会组织监督管理的基本手段。从2007年起，我国先后出台了一系列社会组织评估的指导性文件，并发布了评估指标体系，比如《全国性民间组织评估实施办法》(2007)、《关于推进民间组织评估工作的指导意见》(2007)、《关于开展全国性行业协会商会、基金会和民办非企业单位评估工作的通知》(2010)。2010年12月27日，民政部颁布第39号令，公布了《社会组织评估管理办法》，并于2011年3月1日起实行。这是一部全面规范

---

[*] 本案例由中央财经大学政府管理学院曹堂哲副教授和中央财经大学政府管理学院硕士研究生崔楚虹共同编写。

我国社会组织评估工作的部门规章。随后,民政部又下发了《关于开展 2011 年度社会组织评估工作的通知》(2011)、《关于印发各类社会组织评估指标的通知》(2011)、《关于印发全国性公益类社团、联合类社团、学术类社团评估指标的通知》(2012)等文件。上述规章和政策文件是社会组织有针对性地进行能力建设和诊断评估的重要参照。北京市科协开展的"百强社团"评估体系,聚焦于如何有效地激发社会组织活力,使其最大化地发挥作用,成为现有评估体系的有益补充。

背景介绍

一、研究背景

中国共产党第十八届三中全会对社会组织的定位、结构、功能和发展等都提出了新要求。《中共中央关于全面深化改革若干重大问题的决定》在"十三、创新社会治理体制"中首次提出了"激发社会组织活力"的要求,强调在"正确处理政府和社会关系,加快实施政社分开,推进社会组织明确权责、依法自治、发挥作用"。

2014 年 7 月 24 日,全国政协在京召开双周协商座谈会。座谈会上,政协委员们充分肯定了改革开放以来社会组织在促进经济发展、繁荣社会事业、创新社会治理、提供公共服务等方面发挥的重要作用。他们建议,发展社会组织特别是公益性社会组织,关键是要加强立法,清晰准确地界定非营利组织的界限,明确权利和责任,确立规则;此外,要做好政府向社会组织购买服务的工作,购买服务范围要从后勤服务扩展到养老、医疗、研究等公共服务项目,完善社会组织税收制度,稳步推进志愿服务制度化,推进行业协会的改革,从体制上为行业协会的发展松绑,加强社会组织的人才队伍建设。

2014 年 10 月 23 日,中国共产党第十八届中央委员会第四次全体会议审议通过《中共中央关于全面推进依法治国若干重大问题的决定》(以下简称《决定》)。《决定》明确加强社会组织立法,全文 8 次提及"社会组织"一词,在 11 个章节中对社会组织改革发展和作用发挥做出新部署、提出新要求达 20 余处,并且在"推进多层次、多领域依法治理"中对发挥社会组织积极作用做了专节阐述。

总之,继中共十八大提出"加快形成现代社会组织体制"以来,"激发社会组织活力,发挥社会组织作用"成为未来社会组织发展中的政策重点。

我国现在仍处于并将长期处于社会主义初级阶段,政府所能提供的公共服务同城乡居民对公共服务日益增长的需求之间仍存在较大的差距。而在这块"市场不愿做、政府力不从心"的公共服务领域,社会组织发挥着拾遗补缺的重要作用。

北京市科技类社会组织的座谈会纪要等文件反映出在承接职能和发挥作用方面,这些组织遇到的困难和受到的约束比较大。比如:经费和人员十分缺乏,社会组织处于非常不稳定的状态;社会及领域内认可度不高,会员吸引力下降;与政府部门沟通渠道不畅,政府放权力度太小,有些职能由社会组织承担更具优势,但政府部门不舍得转移出来;政府购买服务的公正性受到影响,程序不标准,过程中存在信息不对称;与其他高校和研究所职能相冲突等,这使很多社会组织深感生存现状不容乐观。

二、指导思想

为了贯彻落实党的十八届三中全会精神和全面深化改革的总体部署,响应国家创新体系建设和社会管理创新的要求,以及中国科协"引领地方学会能力提升项目"的有关要求,进一步提升科技社团的综合能力,北京市科协决定实施"百强社团"计划。

三、总体目标

"百强社团"建设的总体目标是:到 2016 年,完成 60 家"百强社团"的创建活动;到 2020 年,全面完成"百强社团"创建活动,使北京市科技社团的整体面貌有较大的改善,优秀科技社团数量稳步增长、质量显著提升、作用更好发挥,达到建成百家具有中国特色、首都特点、充满生机活力、综合能力高的现代化科技社团的目的。

四、重点突破领域

1. 引领科技创新发展

一是搭建不同层次、不同形式的学术交流平台,鼓励学术争鸣,活跃学术氛围,弘扬创新文化。

二是围绕科技发展前沿和首都科技创新的重点领域,开展学术交流,增强科技工作者的自主创新能力,引领科技发展。

三是深入挖掘学术活动成效,打造学术活动精品,进一步提升学术活动的质量与实效。

2. 承接政府转移职能

一是主动承接政府转移的人才评价、科技评估、专业技术资格认证、技术标准和规范制定等社会化服务职能。

二是扩展公共服务领域,争取更多服务社会的平台,结合科技社团的优势和学科特点,打造公共服务品牌。

三是围绕重点、难点、热点问题,研究相关公共服务理论,为政府制定公共服务政策提供理论依据。

3. 推动首都产业进步

一是充分发挥科技社团跨部门、跨地域、跨所有制的优势,建立产学研合作机制,促进科技成果和创新要素向企业集聚,推动科技成果的转化和应用。

二是搭建科技信息发布和成果转化平台,面向企业开展各类科技服务活动,提升企业技术创新能力。

三是加强对核心技术的研究和突破,促进学科在首都产业结构升级中进一步发挥力量。

4. 服务北京城市发展

一是发挥科技社团的人才智力优势,围绕北京城市发展中的系统性、复杂性、综合性问题开展调查研究。

二是加强科技社团决策咨询专家队伍建设,助推科技工作者的个人智慧上升为集体智慧,做出科学决策。

三是拓宽咨询领域,疏通咨询渠道,打造决策咨询品牌,推进科技社团决策咨询工作的制度化、常态化。

5. 提高公众科学素质

一是完善和改进传统科普方式,设计和策划更符合时代要求的科普活动形式,注重对科学精神的培养和引导。

二是建立学术成果科普化的机制和模式,促进科研与科普有机结合,引导科技工作者将学科领域的前沿学术成果科普化,创新科技社团的科普工作。

三是发挥科技社团在协调社会关系、规范社会行为、化解社会矛盾中的作用,建立快速反应机制,组织专家回应社会关切的焦点和热点问题。

"百强社团"评估指标体系

一、文献综述

根据 2012 年 11 月民政部下发的《关于印发全国性公益类社团、联合类社团、职业类社团、学术类社团评估指标的通知》的规定,对全国公益类社团、联合类社团、职业类社团、学术类社团进行评估的指标体系包括四级指标。其中学术类社团评估指标的一级指标包括:基础条件(80 分)、内部治理(370 分)、工作绩效(450 分),以及社会评价(100 分)。其中工作绩效指标占比 45%,在指标体系中占比最大,其下又包括 6 个二级指标:学术活动(160 分)、建议咨询(60 分)、科普公益(60 分)、人才建设(70 分)、国际交流与合作(50 分)、特色工作(50 分)。

二、评估步骤

"百强社团"计划的组织实施包括"百强社团"创建、"百强社团"评估和"百强社团"示范带动三个部分。其中,创建活动包括申报、评审、实施三个步骤。评估活动分为科技社团自评和专家复审:① 自评。在创建活动期满后,科技社团要根据实际完成情况与创建活动方案、项目任务书进行对比、考评、打分,并对全年的创建活动的资金使用情况、组织实施情况、取得的成果等各方面进行总结。最后将书面总结材料与能展示创建活动成果的图片等材料一并整理成册,报送市科协"百强社团"计划办公室。② 复审。组织专家对科技社团提交的总结材料,以及创建活动方案、项目任务书、自评打分等进行复审,全面公正地对"百强社团"创建活动的效果进行检验,评选出效果显著、全面发展、能力突出的科技社团,必要时将组织实地考察。评审结果将在北京市科协网站公示 10 天,公示期满无异议的,给予表彰并授牌。

三、"百强社团"评估标准

第一,组织建设规范。制度健全,决策程序明晰,内部治理结构完善,理事会、办事机构及会员队伍建设规范;建立会员登记、分级制度,会员实行动态管理,科技社团的凝聚力和影响力增强。

第二,学术交流繁荣。搭建不同层次的国内外学术交流平台,推动科学家之间、科学家和决策者、社会公众之间的交流;围绕首都建设的热点、难点问题举办综合性学术年会,举办有连续性的学术会议或高水平、学科前沿的国际学术会议。

第三,科学普及深入。积极参加科普活动、开展科普创作,把科研和科普有效地结合起来;通过多种渠道、多种方式开展形式多样的科普活动,向社会公众介绍科研的最新发现,展示科技的最新成果。

第四,社会服务积极。利用学科的专家资源优势,积极承担继续教育培训、科技评价、人才评价、科技奖励、科技标准和技术规程制定、决策咨询等方面的政府职能;创新社会服务形式,开展科技服务和公益品牌活动。

第五,人才培养有力。制订并实施青年科技人才培养计划,建立有力的青年人才成长激励机制,通过举办不同活动,扶持青年科技人才的健康成长,让更多青年科技人才脱颖而出,推动科技事业的强繁荣发展。

第六,交往合作顺畅。与国家级社会组织、外省社会组织和外省科协的交流与合作顺畅,取长补短,共谋发展;与国家部委、北京市其他委办局、省级社会组织和相关单位建立交流与合作关系,共同开展活动。

第七,党建工作突出。建立党组织或党建工作小组,积极发挥党的组织或党建工作小组在科技社团工作中的作用;调动党员会员的积极性,发挥先锋模范作用,使其成为推动科技社团工作的中坚力量。

第八,经费筹措合理。积极发展社团经济,开拓不同渠道的经费来源,通过申报项目、承接政府职能、举办培训、继续教育、学术交流等活动,提高科技社团的经费筹措能力,增强科技社团的经济实力。

四、设计"百强社团"评估指标体系的原因

第一,以指数的方法对社会组织进行评估,其中指标的的设置和指标体系的构建是基础,更是关键。评估指标就如同社会组织评估这杆"秤"上面的"刻度"。构建一套较为全面、成形和具有操作指引性的指标体系,对社会组织的情况进行测定和评价,是推动中国社会组织发展的一项重要的基础工作。

第二,以国内的实践来看,现有的社会组织发展规划中只有"组织增长数""从业人员人数"等个别零散的定量指标,以及"更好地发挥社会组织的作用""实现政社分开"等模糊的定性指标,显然在完备性方面十分欠缺。以国内的研究现状来看,随着对社会组织研究的逐步深化,评估维度会更加灵活、多样,具体的指标设计也会更为注重量化、标准化、细致化。但由于实际参考数值的缺乏和操作条件的不成熟,具有实践参照意义的社会组织发展标准体系尚未出现。

五、"百强社团"评估指标体系的设计思路

第一,根据 2012 年 11 月民政部下发的《关于印发全国性公益类社团、联合类社团、职业类社团、学术类社团评估指标的通知》(以下简称《通知》)的规定,社团评估指标的一级指标包括:基础条件(80 分)、内部治理(370 分)、工作绩效(450 分)及社会评价(100 分)。其中工作绩效指标占比 45%,在指标体系中占比最大,其下又包括 6 个二级指标:学术活动(160 分)、建议咨询(60 分)、科普公益(60 分)、人才建设(70 分)、国际交流与合作(50 分)、特色工作(50 分)。

"百强社团"评比指标体系(见附录中的表 1)包括组织建设(60 分)、学术交流(60 分)、科学普及(60 分)、公共服务(60 分)、决策咨询(60 分)五个部分,这五个部分对应着《通知》中的基础条件、内部治理,以及工作绩效中的学术活动、建议咨询、科普公益和特色工作。

第二,"百强社团"建设的重点突破领域包括引领科技创新发展、承接政府转移职能、推动首都产业进步、服务北京城市发展、提高公众科学素质五个方面。北京市科协提出的"百强社团"评估标准包括组织建设规范、学术交流繁荣、科学普及深入、社会服务积极、人才培养有力、交往合作顺畅、党建工作突出、经费筹措合理八个方面。

专家评审指标(见附录中的表 2)中的一级指标主要以五个重点突破领域(每部分 15 分)为主,还包括了自身能力建设(15 分)、创建活动方案(10 分)两部分。二级指标则涵盖了《通知》中的二级指标和北京市科协提出的"百强社团"评估标准。

六、"百强社团"评估指标体系实施后的效果与影响

第一,自"百强社团"计划实施以来,2014 年、2015 年两年分别创建了 20 个"百强社团"单位,这些"百强社团"的创建起到了很好的示范带动作用,有利于促进其他学会的学习与进步,使学会建设更加规范和完善,从而为公众、政府与社会做出更多的贡献。

第二,"百强社团"活动的开展,活跃了学术气氛,推动了科技创新的发展,提高了全社会对科技社团的关注与支持。

第三,该评估体系的设立为类似的社会组织设计评估指标提供了参考,提高了社会组织对定量化评估指标体系的认识,推动着社会组织评估指标体系的科学、合理发展。

小 结

"百强社团"评估指标体系的设计并没有采取简单应付的方法,而是结合国家与科协发展的目标,参照相关法律法规的规定,采取了非常严谨、科学的设计方法,这表明公共部门的评估指标体系设计开始向科学化、合理化方向发展,并取得了良好的效果,为公共部门评估指标体系的日臻完善提供了参考和经验。

附 录

"百强社团"自评表

表1 "百强社团"评比指标体系

指标	序号	评分项目	分值	自评
		组织建设	**60**	
基本条件(25分)	1	评审年度[①],有专职的秘书长或副秘书长	3	
	2	评审年度,有专职的工作人员	2	
	3	评审年度,专职工作人员中有学历是本科或本科以上的人员	2	
	4	评审年度,有独立办公用房	2	
	5	评审年度,设立能够覆盖学会学科领域的专业委员会	2	
	6	评审年度,有独立域名的网站,3分;仅有学会网页,1分	3	
	7	评审年度,学会信息或学会网站上公布的信息被市科协或以上单位采纳,每条0.1分,最高2分	2	
	8	评审年度,有学会标志	1	
	9	评审年度,在学会办公场所外加挂学会名牌	2	
	10	近三年,按时换届,按时参加年检、年度统计	2	
	11	评审年度,学会有经营性收入	2	
	12	评审年度,会费收缴率达60%以上	2	
会员(10分)	13	近三年,会员总数呈上升趋势	1	
	14	评审年度,有院士作为会员	2	
	15	评审年度,团体会员在40个以上	2	
	16	评审年度,有会员担任国际性学术组织或国际性社会团体的领导职务	2	
	17	评审年度,有45岁以下的正、副理事长或正、副秘书长	1	
	18	评审年度,45岁以下的理事比例高于1/3	2	

（续表）

指标	序号	评分项目	分值	自评
制度建设（15分）	19	评审年度,建立常务理事会、理事会会议制度,有会员、专业委员会、财务、秘书处等管理制度	3	
	20	评审年度,学会档案资料齐全,装订保存良好	3	
	21	评审年度,有会员会籍管理档案,并能及时更新	3	
	22	评审年度,有本领域专家数据库,并能及时更新	2	
	23	评审年度,召开两次或以上理事会或常务理事会会议	2	
	24	评审年度,至少参加一次学会活动的会员占会员总数的60%以上	2	
党建工作（10分）	25	评审年度,建立党建工作小组	2	
	26	评审年度,建立党支部	2	
	27	评审年度,党建工作小组或党支部能够发挥引领作用	2	
	28	评审年度,能够按时组织学习,交流学习心得	2	
	29	评审年度,开展活动达2次以上	2	
		学术交流	**60**	
学术活动（50分）	30	评审年度,主办或承办国际性学术会议,5分； 评审年度,协办国际性学术会议,4分	5	
	31	评审年度,主办或承办全国性学术会议,5分； 评审年度,协办全国性学术会议,4分	5	
	32	评审年度,主办或承办北京市学术会议,4分； 评审年度,协办北京市学术会议,3分	4	
	33	评审年度,建立或参与跨学科或不同学科联盟层面的学术交流平台	3	
	34	评审年度,建立或参与跨地域学术交流平台	3	
	35	评审年度,邀请国际知名学者来京讲学、交流或访问	2	
	36	评审年度,与国际学术组织或社会团体建立密切联系,开展学术交流[②]	3	
	37	近三年,有固定品牌学术交流活动[③]	3	
	38	评审年度,组织学术活动或会议达3次以上	3	
	39	评审年度,参加本学会主办或承办的学术会议人数达300人以上	3	
	40	评审年度,参加学会主办或承办的学术会议的会员占会员总数的50%以上	3	
	41	评审年度,有院士参加学会主办或承办的学术活动或会议	2	

（续表）

指标	序号	评分项目	分值	自评
学术活动（50分）	42	评审年度,形成论文集的论文数量达100篇以上	2	
	43	评审年度,论文毛发表率④达15%以上	2	
	44	评审年度,编辑学术论文集或学术论文摘要集,每集1分,最高3分	3	
	45	评审年度,编辑的学术论文集有正式书号,2分; 评审年度,编辑的学术论文集有内部编号,1分	2	
	46	近三年,在学会主办或承办的学术会议中设立论文评选奖励机制⑤	2	
期刊会刊（6分）	47	近三年,学会有公开发行的刊物,3分; 学会有内部发行的刊物,2分; 学会有定期会讯,1分	3	
	48	近三年,公开发行刊物为国内核心期刊及以上	2	
	49	公开发行刊物管理规范,年检合格,1分; 或内部刊物管理规范,1分	1	
科学道德（4分）	50	评审年度,推荐专家参与市科协科学道德与学风建设宣教专家队伍	2	
	51	评审年度,组织科技工作者参与宣教活动	2	
		科学普及	**60**	
科普活动（30分）	52	评审年度,参加国家级科普活动,参加1项以3分计,最高6分	6	
	53	评审年度,参加北京市科普活动,参加1项以2分计,最高6分	6	
	54	评审年度,自主举办科普讲座,举办1次以2分计,最高4分	4	
	55	评审年度,自主举办科普培训⑥,举办1次以2分计,最高4分	4	
	56	评审年度,开展网络科普讲座	3	
	57	评审年度,科普活动受众人数合计达1 000人以上	3	
	58	评审年度,会员科普活动参与率为10%以上	2	
	59	评审年度,组建学会的科普专家队伍	2	
科普资料（15分）	60	评审年度,出版发行科普影视资料或音像制品	4	
	61	评审年度,编辑出版各类科普图书、文集等	4	
	62	评审年度,编辑科普宣传手册或制作科普展板、挂图等	3	
	63	评审年度,在不同级别刊物、报纸上发表科普文章	2	
	64	评审年度,在不同网站发布电子版科普文章	2	

(续表)

指标	序号	评分项目	分值	自评
学术成果科普化（5分）	65	评审年度,举办学术成果展览或学术成果宣传讲座	2	
	66	评审年度,有正式出版的学术成果书籍,3分；仅有内部刊发的学术成果书籍,2分	3	
科普奖励（10分）	67	参与不同科普活动,评审年度获得国家级或省部级奖励	4	
	68	参与不同科普活动,评审年度获得市级奖励	3	
	69	学会或会员作为主编或主要编写人员编写、翻译的科普图书、科普文章或制作的影视作品,在评审年度获奖	3	
		公共服务	60	
承接政府职能（24分）	70	评审年度,承接政府购买社会组织服务项目	3	
	71	评审年度,承接职业资格认证	3	
	72	评审年度,承接职称评定	3	
	73	评审年度,制定企业或地方标准	3	
	74	评审年度,制定行业或国家标准	5	
	75	评审年度,开展科技成果鉴定	4	
	76	评审年度,开展继续教育（培训及办学）	3	
科技服务（16分）	77	评审年度,参与服务"三农"活动（如科技套餐）	4	
	78	评审年度,参与服务自主创新	4	
	79	评审年度,参与服务民生健康	4	
	80	评审年度,参与服务产学研用（如学术成果被政府企事业单位购买并转换应用）	4	
品牌活动（8分）	81	近三年[7],有连续性、固定性的,具有较大社会影响和效果的社会公益活动	4	
	82	近三年,为会员举办服务性活动（如维权、排忧解难等）	4	
公共服务奖励（12分）	83	承接政府购买社会组织服务项目,评审年度获得省部级或市科协、相关委办局奖励[8]	3	
	84	上述科技服务活动在评审年度获得省部级或市科协、相关委办局奖励	3	
	85	上述品牌活动在评审年度获得省部级或市科协、相关委办局奖励	3	
	86	近三年,在国家级媒体或省部级媒体上做过正面宣传报道	3	

(续表)

指标	序号	评分项目	分值	自评
		决策咨询	60	
决策咨询活动（18分）	87	评审年度,承接省部级单位或市级单位关于经济、政治、文化和社会建设的课题	4	
	88	评审年度,承接市科协重点调研课题	4	
	89	评审年度,会员参与市科协组织的决策咨询会议(如季谈会)	3	
	90	评审年度,组织开展技术咨询或技术服务	4	
	91	评审年度,参与市科协组织的调研活动	3	
建议情况（28分）	92	评审年度,将学术会议、论坛、沙龙、调研课题等成果整理提炼为专家建议或调研报告	5	
	93	评审年度,建议被市科协提交有关部门	4	
	94	近三年,建议受到市领导重视,得到市领导批示	8	
	95	近三年,建议在行业内或相关领域被采纳、实施	6	
	96	近三年,建议被《昨日市情》等刊物刊登	5	
决策咨询奖励（14分）	97	评审年度,调研报告获得省部级及以上奖励	4	
	98	评审年度,调研报告获得市级相关单位奖励	3	
	99	评审年度,建议获得省部级及以上奖励	4	
	100	评审年度,建议获得市级相关单位奖励	3	

注：① 评审年度：指评审时点之前的一年。评审年度的指标,评审时参照学会一年的情况。

② 与国际学术组织或社会团体建立密切联系,开展学术交流,指以学会名义与国际学术组织或社会团体建立密切联系,开展学术交流。

③ 有固定品牌学术交流活动,指学会举办的连续性的,有一定周期、一定影响力的学术会议、论坛、展览等活动。

④ 论文毛发表率,指在学术会议和学术期刊上发表的论文总数与会员人数的比值。

⑤ 在学会主办或承办的学术会议中设立论文评选奖励机制,指学会组织专家对会议采用的论文进行再次评选,并对选出的部分论文进行奖励。

⑥ 自主举办科普培训,指学会主办的科普培训,培训课时在8学时以上。

⑦ 近三年,指评审时点之前的三年。近三年的指标,评审时参照学会三年的总计情况。

⑧ 省部级奖励,指省委省政府直接授予的奖励和国家各部委授予的奖励。

"百强社团"专家评审表

表 2 "百强社团"创建活动评价指标（试行）

（基础分 100 分，附加分不封顶）

一级指标	二级指标	基础分关注因素	基础分计分	附加分关注因素	数据来源	评判依据
引领科技创新发展（基础分 15 分）	品牌学术交流	有影响力、连续性的学术交流活动	5	品牌学术交流活动，每项加 3 分	申报书	专家判断
	不同层次的学术交流会议	举办国内、国际、双边、港澳台以及与国家级学会合作的学术会议（任一个）	5	举办协办国际、双边、港澳台学术会议，每项加 3 分；与其他国内外科研院所合作，进行学术交流，每项加 2 分	申报书	专家判断
	青年人才培养	制订青年人才培养计划，为青年人才举办的各种活动	5	举办青年人才活动（演讲比赛、优秀论文评选、青年学会交流）、组织会员参加演讲比赛、优秀论文评选、青年国际交流等，每项加 1 分	申报书	专家判断
承接政府职能转移（基础分 15 分）	承接政府职能转移	承接科技评价、人才评价、科技奖励、标准制定等，以及政府购买服务或承接其他委托项目（任一个）	5	承接政府职能转移，每项加 3 分；委托的其他项目，每项加 1 分	申报书	专家判断
	继续教育	有影响力的活动内容及效果	5	举办继续教育，每项加 2 分	申报书	专家判断
	公益服务品牌	有影响力的活动内容及效果	5	公益服务品牌，每项加 2 分	申报书	专家判断

（续表）

一级指标	二级指标	基础分关注因素	基础分计分	附加分关注因素	数据来源	评判依据
推动首都产业进步（基础分15分）	产学研合作	有产学研合作项目和工作	4	产学研合作项目，每项加2分	申报书	专家判断
	科技服务	有影响力的技术服务	5	科技服务项目，每项加2分	申报书	专家判断
	成果转化	有影响力的成果转化	3	成果转化项目，每项加2分	申报书	专家判断
	理论政策研究	有涉及产业进步的政策理论研究	3	政策理论研究，每项加2分；有关于产业进步的政策性论文发表（各种公开刊物），每篇加2分	申报书	专家判断
服务北京城市发展（基础分15分）	开展调查研究	有涉及北京城市发展的调查研究	5	调查研究或综合论证等，每项加2分	申报书	专家判断
	决策咨询措施	开展了决策咨询工作	5		申报书	专家判断
	决策咨询成果	有影响力决策活动的内容及效果	5	有市委市政府领导批示的，在行业内或相关领域被采纳、实施，每项加5分；建议在《昨日市情》等刊物刊登，每项加5分；有建议被市科协采纳或提交，或被相关企业、区县采纳实施的，每项加2分	申报书	专家判断

(续表)

一级指标	二级指标	基础分关注因素	基础分计分	附加分关注因素	数据来源	评判依据
提高公众科学素质（基础分15分）	科普品牌活动	有影响力的科普活动	5	大型、系列或品牌科普活动，每个加3分	申报书	专家判断
	学术成果科普化	有效地将学术成果应用于科普	5	学术成果科普化，每个加3分	申报书	专家判断
	响应热点、难点问题	积极组织专家响应热点、难点问题	5	响应热点、难点问题，每个加3分	申报书	专家判断
	民主办会	出台各种制度和措施促进民主办会	3		申报书	专家判断
	秘书处职业化建设	出台各种制度和措施，配备专业人员	4	超过5个专职人员，一次性加2分	申报书	专家判断
自身能力建设（基础分15分）	会员服务	建立联系服务科技工作者机制，维护科技工作者权益工作等	3	维护科技工作者权益，每次加3分	申报书	专家判断
	党建工作	建立党建工作小组或党支部	2	组织各种类型的党建活动，一次性加2分	申报书	专家判断
	资金筹措能力	资金筹措三年累计30万元以上	2	资金筹措能力较强，三年累计筹资100万元以上，一次性加2分	申报书	专家判断
	获得奖励	获得过奖励	1	每获得一个奖励，加1分	申报书	专家判断

（续表）

一级指标	二级指标	基础分关注因素	基础分计分	附加分关注因素	数据来源	评判依据
创建活动方案（基础分10分）	重点任务	重点任务突出，符合创建要求	3		申报书	专家判断
	实施方式	实施方式可操作，便于执行	3		申报书	专家判断
	保障措施	保障措施得力	2		申报书	专家判断
	项目效果	项目实施后拟取得一定的成果	2		申报书	专家判断

案例使用说明

一、教学目的与用途

（一）本案例的适用课程

主要适用于"公共管理研究方法"课程,也适用于"公共管理学"等课程。

（二）本案例的教学对象

公共管理硕士(MPA)。

（三）本案例的教学目标

引导学生运用公共管理评估研究的理论和方法分析北京市科协"百强社团"的评估指标体系是否科学、合理,从而对如何提高公共部门评估活动的科学性有更深的理解和认识。

二、启发思考题

1. 北京市科协"百强社团"评估指标体系有哪些地方设计得比较合理？哪些地方还需要改善？应如何改善？

2. 在公共部门评估体系的设计过程中,应如何提高评估体系的科学性？

三、分析思路

1. 首先对评估类型做出判断,然后根据评估研究设计需要考虑的因素来讨论"百强社团"评估体系的合理之处和不足之处。

2. 根据公共管理评估研究的范式、途径和模型等理论,与案例相结合,总结出提高评估体系科学合理性的方法。

四、理论依据与分析

1. 需要应用公共管理评估研究的理论与方法。

2. 需要应用公共管理评估研究的范式、途径和模型等理论。

五、关键点

1. 公共管理评估研究的范式、途径和模型,公共管理评估体系设计需要考虑的因素。

2. 让学员对公共部门评估体系设计有更深的理解,明白评估体系科学化、合理化的必要性以及如何提高公共部门评估体系的科学性。

六、建议课堂计划

（一）案例研读(15分钟)

（二）启发思考题1的思考和讨论(15分钟)

（三）启发思考题2的思考和讨论(15分钟)

社区治安中的居民参与
——以北京市朝阳区马南里社区为例*

耿 云　王笑展

摘　要：在现代转型社会背景下，各种不安全因素剧增，社区治安形势越发复杂，传统的社区警务无法有效应对多样化的社会风险，因而探索如何推进居民参与社区治安和多元协同治理对于维护公共安全具有重要的意义。近年来，朝阳区居民治安志愿者受到了广大社会公众的关注，本案例以北京市朝阳区崔各庄乡马南里社区为例，探讨了居民参与社区治安的实践经验与现实困境，旨在为推进我国社区治安协同治理和基层社会治理现代化进程提供借鉴。

关键词：社区治安　社会参与　协同治理

引　言

党的十八届三中全会通过的《中共中央关于全面深化改革若干重大问题的决定》明确指出："全面深化改革的总目标是完善和发展中国特色社会主义制度，推进国家治理体系和治理能力现代化。"随着社会转型的全面加速和治理理论的兴起，协同治理已成为我国基层社会治理现代化探索的重要方向。作为基层社会治理的重要组成部分，社区治安向协同治理的转变已成为我国社会发展

---

* 本案例由中央财经大学政府管理学院耿云副教授和中央财经大学政府管理学院行政管理专业研究生王笑展共同编写。

的必然要求。

目前，居民作为多元化治理中的重要主体，在现代社区治安中发挥着重要作用，正受到越来越多的关注和重视。北京市朝阳区在居民参与社区治安中取得了卓越的成效，居民治安志愿者对危害公共安全的违法犯罪行为进行了严厉打击，为社区治安工作的顺利开展做出了卓越的贡献。马南里社区作为朝阳区的缩影，在社区治安协同治理工作中积累了宝贵的经验，从居民参与的角度探讨其社区治安模式对于实现社区协同治理、提高基层社会治理能力具有重要意义。

社区治安协同治理

一、社区治安

社区是构成社会的基本组成单元，保障社区治安则是社会稳定的基础。对于社区治安的理解可以从广义和狭义两个角度展开。广义的社区治安，是指包括公安机关以及城市街道办事处、居民委员会、社区其他事业单位保卫部门和社区居民等组织或群体在内的治理主体进行的社会治安综合治理活动[1]；狭义的社区治安，主要是指公安机关及其派出机构在其辖区内的警务及相关活动。近年来，随着治理理论的兴起与发展，以及国家治理体系现代化进程的推进，协同治理已成为基层社会治理探索的必然方向，社区治安的研究重心和实践探索也呈现出由早期的社区警务向社区治安综合治理转变的趋势，因此在本案例中，我们主要讨论广义上的社区治安。

二、社区治安中的多元主体

现代社区人员密集，集群化明显，一旦出现紧急危机，可能会造成严重的公共风险事件。传统的社区治安模式已经无法适应当前日益复杂的治安形势，协同模式是社区治理现代化的主要探索方向，也是实现国家治理体系和治理能力现代化的微观基础[2]。协同治理强调治理主体的多元化和治理模式的互动性，

---

[1] 黄泽林,王兴民.强化我国社区治安的思考[J].重庆邮电学院学报(社会科学版),2004(02):86-89.

[2] 卫志民.中国城市社区协同治理模式的构建与创新——以北京市东城区交道口街道社区为例[J].中国行政管理,2014(03):58-61.

在社区治安中,公共部门、私人部门、社会团体和居民等诸多行动者协调合作、共同行动,对社区范围内发生的公共安全事件及可能诱发公共安全事件的各种潜在风险因素进行管理。

现代社区治安中主要包括以下七个治安行动主体:街道办事处、基层综合治理委员会、公安派出所、社区居委会、居民治安志愿者、社区警务室、其他治安辅助单位。

(1)街道办事处。街道办事处是最基层的管理机构,是不设区的市或市辖区人民政府的派出机关,行使不设区的市或市辖区人民政府赋予的职权。街道办事处是城市的基层政权组织,处于我国行政体制的末端。治安职能是其行政职能的重要组成部分。

(2)综合治理委员会。基层综合治理委员会是社会治安综合治理基层工作的领导机构,是协助各级党委政府领导社会治安综合治理的常设机构。它由街道办事处各部门代表以及公安派出所、居委会、企事业单位代表组成,下设综合治理办公室(以下简称"综治办")。综合治理委员会及其下设办公室为政府部门、公安机关、各企事业单位等治理主体提供了沟通交流、协调合作的平台。

(3)公安派出所。公安派出所是市、县(县级市)、区公安机关在本辖区内设置的管理治安工作的派出机构,是公安机关的基层组织,是维护社会治安的综合性组织。

(4)社区居委会。社区居委会是居民自我管理、自我教育、自我服务的基层群众性自治组织。但在实际的社区治安管理中,由于"行政化"的影响,我国大部分居委会都呈现出官僚化的倾向,居委会逐渐承担起社区治安中的沟通任务及众多其他日常事务,实质上扮演了国家基层政权组织的角色。

(5)居民治安志愿者。在本案例中,居民治安志愿者是指由社区居民组成的非专业性自治力量,主要由治安积极分子、社区治保队伍和其他居民志愿者组成。调研中发现,居民治安志愿者一般由居委会进行统一组织、领导和指挥,是社会治安管理的新生力量。

(6)社区警务室。社区警务室是公安派出所的外派机构,是社区民警的工作室,履行收集掌握信息、组织治安防控、抓好治安管理、密切警民关系等职能。

(7)其他治安辅助单位。其他治安辅助单位是除居民治安志愿者以外的治安辅助力量,主要由三部分组成:一是由政府出资、公安机关实际管理使用的治安队伍;二是专业化的保安公司;三是企事业单位自建的保安团队。

北京市朝阳区社区治安中的居民参与机制沿革

朝阳区居民参与社区公共安全治理有着悠久的历史渊源，早在1974年，在北京市朝阳区组织起来的群众就曾协助公安抓获过苏联间谍。而近年来，朝阳区群众参与破获的案件更是不胜枚举，除了提供治安警情，居民参与社区治安在防范社会风险、规范社会行为、协调社会关系等方面也做出了诸多贡献。

北京市是我国最早进行社区建设的城市之一，社区治安管理始终走在全国前列。朝阳区作为北京社区建设中最典型的、发展速度最快的行政区之一，以其为例进行社区治安模式比较研究十分具有代表性。在几十年的发展历程中，朝阳区社区治安中的居民参与模式已经由早期简单地依托于社区居委会等基层组织的大范围发动、粗放式投入的传统模式，转变为依托于互联网、移动通信等信息技术的创新模式。

朝阳区社区治安的实践探索经历了漫长的发展历程，在早期阶段，社区居委会、街道办事处和公安派出所是基层社会公共安全治理的主导者。1956年，依据《城市街道居民委员会组织条例》和《城市居民委员会组织条例》，东郊区委建立居委会23个、居民小组195个。此后，街道办事处和社区居委会在基层社会公共安全治理工作中发挥了重要作用，但随着"大跃进"和"人民公社运动"的进行，居委会的性质开始向政府行政性组织转变。"文化大革命"期间，社区居委会在一定程度上已经转变为基层政权组织。此后，随着单位制的不断强化，基层社会公共安全治理的责任逐渐由社区让渡到单位组织。改革开放以后，单位制最终解体，"社区服务"的概念随之被提出。1986年，北京市作为试点城市，率先开始了城市社区建设，朝阳区根据全区治安形势和人口分布特点，逐步把404个社区、154个行政村划分为377个警务社区，使得82个村庄实现了社区化管理，最终在2013年实现了社区警务工作室全覆盖。但在社区公共安全治理的管理实践中，社区居委会的基层群众性自治组织的性质未能有效体现，其行政化特征并没有发生本质变化。1991年后，根据《关于加强社会治安综合治理的决定》《关于加强社会治安综合治理基层基础工作的意见》等指导性文件，朝阳区建立了由街道党政主要领导担任主任的公共安全综合治理委员会，并逐步构建了以派出所民警和巡警为骨干，以街道办事处和社区居委会为主导，以群防群治力量为补充，以社会面防控、社区治安管理和单位内部防范为基础,以可能影响社区治安的特殊人群、危险物品管理为重点的社区治安体系。

在这一阶段,各主体之间的互动与协调十分有限,居民在社区治安中的参与是依托于街道办公室和社区居委会的被动参与。综治办在社区公共安全治理工作中负责传达上级指示、决定及政策,组织协调各公共安全治理主体间的关系,使其共同完成公共安全治理任务。街道办事处负责直接管辖社区居委会,向其发布有关公共安全治理方面的命令和任务,从这个层面上讲,社区居委会是社区治安工作开展的落脚点,也是连接政府与居民之间的纽带和桥梁。公安派出所在社区派遣民警并组成社区警务室,负责日常公共安全治理管理工作,但社区人口众多,公共安全治理工作繁杂,单纯依靠民警的力量难以完成,因此社区居委会承担了很大一部分的日常公共安全治理责任。此时,居民治安志愿者仅接受社区居委会的指挥和领导,向社区居委会汇报公共安全治理情况。

进入21世纪以来,社区治安的综合治理越来越受到关注和重视,如下表所示,相关法律法规和规范性文件的陆续颁布为居民参与社区治安提供了制度保障。

社区治安相关法律法规和规范性文件

颁布时间	文件名称	颁布单位
2015-04-13	《关于加强社会治安防控体系建设的意见》	中共中央办公厅、国务院
2014-11-14	《关于组织社会力量参与社区矫正工作的意见》	司法部、中央社会治安综合治理办公室、教育部等
2014-09-10	《关于实施群众举报涉毒违法犯罪线索奖励办法的通告》	北京市公安局
2014-03-01	《关于实施群众举报涉恐涉暴线索奖励办法的通告》	北京市公安局
2012-12-19	《公安机关办理行政案件程序规定》	公安部
2012-12-13	《公安机关办理刑事案件程序规定》	公安部
2012-10-26	《中华人民共和国治安管理处罚法》	全国人民代表大会常务委员会
2003-05-14	《关于进一步做好建设系统社会治安综合治理工作的通知》	建设部、中央社会治安综合治理委员会
2003-01-13	《全国社会治安综合治理工作要点》	中央社会治安综合治理委员会

除了制度保障,北京市还实施了各种激励措施以促进居民参与社区治安,包括奖金激励和隐性福利等方面。2014年以来,北京市陆续出台了《关于实施群众举报涉毒违法犯罪线索奖励办法的通告》《关于实施群众举报涉恐涉暴线索奖励办法的通告》等部门性规章文件来促进居众参与公共安全治理。文件中规定,根据不同的线索级别分别给予从1 000元至10 000元的数额不等的现金奖励。除了奖金奖励,治安志愿者们还享有一些政府提供的隐性福利,如免费体检、荣誉奖章、专属志愿者通道等。2016年11月,在北京市卫计委、北京市体检中心的大力支持下,首都综治办、首都治安志愿者协会组织1 000名累计服务时长超过1 500小时且年龄在50岁以上的"五星级"治安志愿者,针对治安志愿者年龄大及在户外工作时间较长等特点,为志愿者定制"专属套餐",为他们提供了约20个项目的健康体检。

此外,信息技术极大地拓宽了居民参与社区治安的渠道。随着信息技术在公共管理领域的应用,互联网、大数据、移动通信等现代信息技术的发展为社区治安中的居民参与模式带来了新的契机,信息化、网络化、智慧化成为社区治安改革的新趋势。2016年1月28日,国家质检总局、中央社会治安综合治理委员会、国家标准化管理委员会发布了《社会治安综合治理基础数据规范》,这标志着社区治安工作逐步走上了规范化、标准化、信息化的轨道。实际上,包括朝阳区在内的很多行政区已经在社区公共安全治理信息化的道路上做出了很多探索。近年来,北京市公安局构建了"一台、一栏、两网站、三微博"(即北京市公安局民生服务平台;北京市公安局政府信息公开专栏;北京市公安局交管局网站、北京市公安局消防局网站;平安北京微博、北京交警微博、北京消防微博)的信息化系统。朝阳区各街道也积极通过公开社区民警和警务室的联系方式、设立"公共安全治理信箱"以及开发"小桔灯""朝阳群众"等手机应用软件,使得居民在参与社区公共安全治理中获得了更多的主动性,开辟了社区公共安全治理信息化的新局面。朝阳区在此基础上还开发出了"朝阳群众"等APP应用程序,并深度应用微信公众平台、QQ群等新媒体技术,为朝阳群众主动参与社区公共安全治理创造了条件。

在新时期的社区治安中,居民治安志愿者仍主要受到社区居委会的指挥和部署,综治办可通过门户网站收集与接收志愿者提出的有关公共安全治理的想法与建议,吸收来自居民治安志愿者群体的信息资源;与此同时,派出所及其下属的社区警务室,利用微博、微信公众平台、应用软件等方式,为居民治安志愿者开创了更多举报违法犯罪行为或提供事(案)件线索的渠道,提高了警民协作的效率。

马南里社区治安中的居民参与

一、马南里社区概况

马南里社区位于北京市朝阳区崔各庄地区中部,京密路以西,来广营东路南侧,辖区内有1个居民小区和3个别墅区,面积共计2.7平方公里,总人口约7 000人。马南里社区公共安全治理情况表现优异,该社区居委会曾多次被评为"北京市先进居委会"。社区现共有登记在册的社区治安志愿者230余名,主要由三个群体组成:一是小区、企业保安员等专业安保人员;二是停车管理员、交通引导员等协助力量;三是自愿参与社区公共安全治理的社区居民。这些志愿者主要由居委会负责统筹,同时在遇到治安警情或公共安全事件时可通过在社区网站公开的联系方式与社区警务室取得联系。治安志愿者主要负责的工作有:日常义务巡逻、治安警情汇报、社区矛盾调解、消防隐患排查、环境保护以及重大会议的安保工作等。

二、实践经验

1. 治理主体的多元化

马南里社区在街道办事处的指导下,建立了包括社区警务室、社区治安志愿者、社区居委会等多元主体在内的社区公共安全治理网络,重视各个主体之间的沟通交流、协商合作。具体来说,崔各庄地区党委和街道办事处为鼓励和支持社会各方面参与社区公共安全治理,制定了相应的制度规范,并为多元协同治理提供了宏观指导和资金支持。马南里社区居委会通过引导和组织多元治理,使得社区警务室、治安志愿者、社会组织、企事业单位等在社区公共安全治理中形成合力,构建起多元主体互联、互补、互动的社区公共安全治理网络。社区治安志愿者通过多种渠道参与到社区公共安全治理中来,协助社区警务室和社区居委会完成日常义务巡逻、治安警情汇报、社区矛盾调解、消防隐患排查、环境保护以及重大会议安保等工作。

2. 居民自治力量的培育与发展

崔各庄马南里社区居委会自成立以来,不断完善社区公共安全治理工作,扎根基层和群众,重视培育和发展居民自治力量。在培育和发展居民自治力量方面,马南里社区建立了楼长制度:楼长通过居民推荐、社区委任、干部推荐和个人自荐等途径从社区常住居民中推选产生,一年一聘,并经过街道和社区的统一培训后上岗,负责楼栋基本情况掌控、民情民意调查、政策宣传、矛盾纠纷化解、安全隐患排查以及重点人员监控等工作。此外,在治安志愿者队伍建设上,马南里社区还实行了社区治安志愿者激励制度,为每位志愿者建立了志愿者档案,详细记录了志愿者参与过的社区活动和时长,通过积分制来对治安志愿者形成激励并促使更多居民加入志愿者队伍。社区治安志愿者激励制度的形式主要有证书授予、公开表扬、不同额度的物质奖励等。

3. 信息技术的应用

崔各庄马南里社区居委会在社区公共安全治理的实践中,十分重视信息技术的应用,特别是新媒体技术的应用。首先,依托于北京市治安志愿者信息化平台,马南里社区对志愿者实行信息化项目制管理,建立了包括"朝阳区崔各庄地区马南里社区青年志愿服务队""朝阳区崔各庄乡马南里社区城市管理志愿服务队"和"马南里居委会志愿服务队"在内的数个志愿者团队,活跃用户总数达400人,并借助该志愿者平台,详细标注了巡逻点位的具体位置、值班人员及联系人电话,通过发布志愿项目调动社会力量,为公民参与社区公共安全治理提供了有效途径。其次,马南里社区居委会建立了治安志愿者微信群,由居委会主任和党委书记共同负责管理,为政府工作人员倾听群众意见,接收和发布治安信息以及社区内部互动交流提供了良好的平台。最后,马南里作为"智慧社区"工程的试点社区,在2016年年初建立了Smart-U"精彩有你"智慧社区体系,通过在居民家中安装终端盒,建立起社区、政府职能部门和社区居民的信息沟通渠道,为社区公共安全治理工作提供了快速、便捷的交流手段。

三、现实困境

1. 治理主体的责任错位,社区居委会权责不一致

社区居委会在法律上的定义为"居民自我管理、自我教育、自我服务的基层群众自治组织",属于城镇居民的自治组织。但实际的调查走访结果显示,社区居委会逐渐成为国家实施行政管理的政权组织,现有的社区居委会大多只向政府负责,而不向居民负责,并且社区居委会与街道办事处之间的关系本应是相互协调的关系,现在则是一种领导与被领导的关系,主要体现在街道办事处对

本应由居委会自主决定的各项事务干预过多,比如居委会主任、副主任、委员等职位大多由街道办事处的人员兼任,民主和自治选举流于形式。

现阶段,马南里社区仍存在"责任错位、权责不一致"的问题,这体现在本应属于街道办事处的管理行政事务被分配至居委会,居委会变成街道办事处的下属部门和基层延伸,这与组织构建社区居委会的初衷不一致,使其不得不承担超出其自身能力的社区治安任务,同时弱化了街道办事处所应承担的管理责任和义务,造成治安体系效率的低下。

2. 居民参与的广度、深度有待提高

在居民参与协同治理这种模式的最初设计框架中,社区治安的主体应该由各个不同组织及其成员组成,并且每个相关组织中的年龄比、受教育程度比、性别比等应该保持在一个相对合理的水平。但马南里社区现有的社区管理模式反映出,大多数本应参与到社区治理的居民存在缺位现象,居民参与社区管理的主体存在"老龄化"问题,即参与居委会或者社区志愿者的居民大多数是老年人群体,中青年人参与程度低、参与意识薄弱。这种现象出现的主要原因是中青年人平时工作压力大、空闲时间少,而且大多数年轻人之间邻里关系较为陌生,没有形成社区的概念,没有服务社区、热心公益的意识,同时社区内缺乏有效的激励机制,导致社区内居委会成员和志愿者的"老龄化"问题较为突出。这种现象的出现会导致整个社区安全治理主体的结构不合理,进而导致社区整体治理质量下降、服务效率低下。

3. 社区居委会资金来源渠道过窄,大多靠行政拨款

通过对现有社区治理模式的整理和分析,我们发现西方社区经费来源大多是由公益组织捐赠,将社区公共安全治理与慈善公益紧密结合在一起,这得益于西方社会公益体系的进步和完善。但我国现有的社区经费大部分来自街道办事处的行政拨款,且各项活动经费都需要街道办事处审批,这会造成以下两个方面的不利影响:一是街道办事处掌握着社区居委会的财政大权,使街道办事处和社区居委会的相互协调关系变成了领导和被领导的关系,这一现象直接导致了上述问题中的第一点,即治理主体的责任错位,社区居委会权责不一致;二是社区居委会的经费来源渠道窄,资金非常有限,导致要不断压缩日常开支,许多基础设施建设不完善,治理工作难以有效地开展。

4. 社区信息平台建设落实不完善,提升空间较大

在电子信息化越来越普及的今天,马南里社区也建设了专属于自己的社区

网站——马南里社区网,网站上包括社区资讯、实时新闻、通知公告、办事指南等惠及民生、方便居民的板块,这充分体现了社区信息公开化在实践中的应用和发展。但是在浏览网站时,笔者却发现了一个问题:现有网站上的信息更新并不及时,志愿者开展活动的情况更新到2013年就中断了,最新的有关社区的新闻也仅仅是2016年的一篇有关社区新春联欢晚会的旧文,并未达到信息及时公开、为群众提供一个即时获取信息和交流的平台等的目的。这不但使前期社区信息建设投入的资金打了水漂,建设的平台在后期没有好好利用,也造成了资源的浪费;而且使信息"公开化、及时化"变成了一句空口号,信息沟通不顺畅、不及时,社区宣传工作难以开展,协同治理的最终目标难以实现。

结束语

在现代社区治安中,居民参与在打击违法犯罪行为、监督政府依法办案以及协调政府与群众的关系等方面做出了卓越的贡献,在一定程度上填补了原有社区治安模式的漏洞。北京市朝阳区马南里社区作为社区治安模式改革的典型小区,其居民参与社区治安反映出的实践经验与现实困境值得借鉴与反思,这对于实现协同治理、提高基层社会治理能力具有重要意义。

案例使用说明

一、教学目的与用途

(一)本案例的适用课程

主要适用于"社区治理"课程,也适用于"政府治理与领导""城市管理""公共管理学"等课程。

(二)本案例的教学对象

公共管理硕士(MPA)、行政管理专业研究生和行政管理专业高年级本科生。

(三)本案例的教学目标

通过本案例的讨论与学习,应当达到以下三个教学目标:

(1)通过案例展示我国社区治安中的多元主体及其交互关系,增进学生对社区治安、协同治理的理解。

（2）结合案例探讨居民参与社区治安的价值,并引发学生思考现代社会治理中政府的职能定位、治理模式及其与社会的关系等问题。

（3）通过案例引导学生思考现代社区治理中存在的现实困境,并尝试探讨其解决途径。

二、启发思考题

1. 传统社区治安模式主要存在哪些问题？造成这些问题的原因是什么？
2. 传统治安模式下面临的问题有哪些可能的解决途径？
3. 居民治安志愿者在社区治安中发挥了怎样的作用？
4. 朝阳区马南里的社区治安模式与传统的社区治安模式有何不同？
5. 朝阳区马南里的社区治安模式还存在哪些问题？如何完善？

三、理论依据及分析

本案例分析的主要理论依据是协同治理理论。随着民主政治和市民社会的不断发展,协同治理作为一种新的政府治理理论在西方国家应运而生并逐渐兴起。协同治理呼唤建立政府与社会、政府与市场的合作互动关系,强调协同治理参与者或者子系统之间地位的平等性以及彼此的不可替代性。以多元主体间协调合作为重要特征的"协同治理"理念在基层社会治理领域正受到越来越多的重视。在社区治安中,涉及包括公共部门、私人部门、社会团体和社区居民等在内的诸多行动者,居民是多元化治理中的重要主体,促进居民参与社区治安对于提升基层社会治理能力具有重要作用。借鉴和参考协同治理的相关研究,将为理解和分析本案例提供理论支撑。

结合协同治理理论,本案例的主要分析思路如下:首先,分析马南里社区的社区治安历程,探讨传统的社区治安模式存在的问题及其成因;其次,分析朝阳区马南里社区治安模式与传统的社区治安模式的区别,总结其发展经验和现实困境;再次,探讨居民治安志愿者参与社区治安的动因,分析其在社区治安网络中的价值与定位;最后,基于上述分析,总结协同治理视域下社区治安模式的发展路径和完善措施,推进基层社会治理现代化。

四、关键点

1. 居民治安志愿者在社区治安中的功能应当从治安功能和社会功能两个方面展开讨论,前者主要体现在规范社会行为、维持社区秩序以及应对公共危机上,后者则主要体现在监督政府行为、促进政府职能转变以及提升公共服务效率等方面。

2. 马南里社区在居民参与社区治安中的经验主要体现在重视治理主体多元化的治安理念、科学构建多种机制培育和发展居民自治力量,以及积极建设信息公开和沟通渠道等方面。

3. 针对马南里社区治安的现实困境,应当从以下几个方面入手:一是培育居民自治意识,引导居民从政府主导下的被动参与转变为基于协商民主的主动参与;二是构建并拓宽沟通渠道,包括各平行主体间的沟通与协调以及上下级互动关系中的反馈渠道;三是规范和明确居委会的权责配置,正确处理居委会与其他组织的关系;四是建立健全社区治安的利益表达和监督考评机制等配套制度。

五、建议课堂计划

(一) 案例引入(15分钟)

首先借助多媒体,以图片、视频、文字资料等形式,引入居民参与社区治安的话题。然后采取自愿发言的形式,邀请学生介绍自己所熟悉社区的治安管理和居民参与情况。教师进一步从居民参与的角度向学生介绍我国社区治安模式的沿革,并详细介绍北京市朝阳区崔各庄乡马南里社区的社区治安情况,引导学生深入理解现代社区治安治理模式并进入情境。

(二) 角色扮演(15分钟)

将学生分为若干小组,分别代表街道办事处、社区居委会、综治办、公安派出所、社区警务室、社区居民治安志愿者等角色,按照案例所展示的治安模式对社区治安工作进行演练,加深学生对于社区治安交互模式的理解,了解其现实困境。

(三) 小组讨论(20分钟)

首先,教师先结合相关理论对马南里居民参与社区治安的现状进行概括和初步分析,同时演示PPT(演示文稿)和播放视频材料。接下来将学生分为若干小组,分组规模应当适当,以每组4~6人为宜,围绕案例所附的课后问题展开小组讨论。要给这五个问题预留足够的时间,教师应要求学生自己或以小组为单位进行思考和分析。根据分组情况,每个问题选取一个小组作为代表进行展示。讨论中要鼓励学生独立表达观点,之后教师要把这些观点在黑板上罗列出来,或由各小组自行做好记录。分组讨论完成后,教师可以引导学生沿着案例所提供的线索来考虑,最后回到中心问题,引导其探索思路。

(四) 点评与总结(10分钟)

教师针对学生分组辩论的情况予以点评,并对案例的关键点进行总结,在点评与总结的过程中,注意将重点落在多元主体协同治理上。

六、其他教学支持

课堂教学采用计算机处理文字、图像的多媒体教学,在教学时间和教学经费允许的情况下,建议安排实践教学环节。

非政府组织"太阳村"救助服刑人员未成年子女[*]

黄文英　白　丹

摘　要："太阳村",这个民间慈善组织,通过对无人抚养的服刑人员未成年子女实施代管代教的救助方式,为其提供生活保障和基本教育,为缓解社会压力、建设和谐社会做出了贡献。然而,该组织自成立以来,社会对其运营战略与模式褒贬不一、议论纷纷。我们希望以呈现事实、了解真实情况的方式发现其中的价值及存在的问题,并在一定程度上引起公众对社会上真正需要救助人群的关注,通过规范运营管理模式与助推法制化进程促进救助工作良性发展。青少年是一个国家和民族未来的希望,我们应倾尽全力关注每一个孩子的成长。

关键词：非政府组织　太阳村　服刑人员未成年子女

引　言

在我国法制建设进程中,有关父母服刑期间,其无人照管的未成年子女抚养的法律法规还有待完善。这些孩子由于不属于孤残难以得到资助,而又因其父母的犯罪背景得不到人们的怜悯。"太阳村",这个非政府组织(NGO),是张

---

[*] 本案例由中央财经大学政府管理学院 MPA 学员黄文英和中央财经大学国防经济与管理研究院副院长白丹共同编写。

淑琴女士在从事多年监狱调研工作后于2000年发起创办的,目前已在北京、河南、陕西、江西、青海等地建立了9个分中心,收养救助超过2 000个孩子。运营经费来源主要包括社会爱心人士捐助,以及农场果蔬种植经营等。通过保障孩子们的人身安全、基本生活环境和条件,对其实施心理辅导,以及为其提供分中心附近的中小学教育等措施促进他们在成长期间的正向发展。

服刑人员未成年子女的现状

一、我国对服刑人员未成年子女抚养的有关规定

在我国,属于国家监护机构的是儿童福利院,但其接收儿童的条件与范围是非常有限的,仅限于"残孤儿童"及无法查找其父母的"弃婴"。服刑人员未成年子女均不属于以上两类,无法得到儿童福利院的救助。

2006年,民政部发布《关于加强孤儿救助工作的意见》。在这一意见中,首次正式提出"事实无人抚养儿童",并指明"对因父母服刑或其他原因暂时失去生活依靠的未成年人,可以依据相关法律规定妥善安置"。其中,并未提及相关法律的具体所指和有关责任部门。在各种关于未成年人保护的法律条文中,责任部门也只是以"有关单位"代替。2010年发布的《国务院办公厅关于加强孤儿保障工作的意见》同样只涉及孤儿的福利意见。

南京大学社会学院社会工作系主任陈友华提出:"无论有没有现成法律,政府都应该承担兜底责任。以两种方式入手:一是儿童福利院直接救助;二是通过购买公共服务的方式,委托社会组织救助,这意味着大量的资金、人力、组织资源投入。现实是,国家还不愿意,或者没有能力承担起这份责任。"①

与我国慈善事业总体欠发达,民间慈善组织力量较为薄弱相比,国外一些国家对这方面的投入有许多值得我们学习和借鉴的地方。许多国家对服刑人员未成年子女的监护,是法定的国家或政府的职责,在服刑人员监狱配套设施方面,专门设有对孩子的监护场所、母婴室等。民间救助力量亦较为多样,包含如人道主义救援机构、宗教机构、基金会等。2001年,美国颁布的《家庭安全和稳定促进法案》已正式提出"服刑人员指导计划",并规定每年财政拨款6 700

---

① 南方周末.孩子的"刑期", http://www.360doc.com/content/15/0107/20/745195_438979860.shtml,2014-12-25(访问时间:2018年12月).

万美元,支持各类符合条件的组织为服刑人员子女提供服务。

二、服刑人员未成年子女的生活状况

无人照管的服刑人员未成年子女是一个极为特殊的群体。他们面临着生存压力,其受教育权、心理健康均受到极大的挑战。他们是一群被遗忘的孩子,本该天真烂漫地在父母的怀抱中和呵护下成长,然而,由于种种原因(父母均服刑或单亲家庭父母服刑等情况)而无亲人行使监护责任,生存成为他们最大的问题。2013年6月,南京市江宁区两名女童不幸饿死在家中,惨剧发生时,她们的父亲在服刑,而母亲有吸毒史。之后这位母亲因故意杀人罪被判处无期徒刑。然而,两个幼小的生命就此陨落。

据全国妇联的一项调查数据,2013年父母服刑的家庭子女每月生活费:44.7%低于200元,72.77%低于500元。他们的生活境况堪忧,更不用说受教育状况了。一般情况下,对于服刑人员未成年子女,亲戚唯恐避之而不及,其祖辈也常因年迈贫困,自己的生活尚不能保障,更无力履行抚养义务了。无论是什么原因导致服刑人员未成年子女无人照管,这个群体的存在确是事实。

"太阳村"的创办

一、创始人

"太阳村"创始人——张淑琴女士,1948年12月21日出生,居住于陕西省西安市莲湖区,毕业于西北大学汉语言文学专业作家班。自1968年以来,其工作经历包括:在山区从事护士、中医工作13年,作为报纸记者、编辑12年。此外培训通讯员25期,培训对象包括狱警及罪犯,还进行法制文学、影视作品的创作,并发表多篇有关保护、代养代教育服刑人员未成年子女等方面的论文,累计字数达100万字以上,并获得多个奖项和荣誉。

从1995年开始,张淑琴在陕西省少年犯管教所从事预防青少年犯罪的研究。同年,发起民间社团"陕西省回归研究会",主要帮助服刑期满人员顺利回归社会、回归善良人生,帮助他们就业,并开展各种形式的帮教活动。

张淑琴在其从事的工作中,发现服刑人员未成年子女的抚养和教育问题存在极大的隐患。如果孩子无人照顾,基本的生存都将会是极大的问题,更不用说过早地进入社会,对社会造成的负面影响和恶性循环了。对慈善事业的热心

和对无辜儿童的恻隐之心,促使她发起创办了"太阳村",希望这个大家庭可以给孩子们太阳般的温暖。

二、"太阳村"营运模式

1. 救助群体

"太阳村"接受救助孩子主要有三个来源。一是全国各地监狱的警务人员了解服刑人员的情况,如得知有未成年子女需要得到救助,便联络"太阳村"相关工作人员,如果方便当地狱警会将孩子送至"太阳村",否则"太阳村"的工作人员会到孩子所在地去接。二是家中有未成年孩子的服刑人员直接联络"太阳村"慈善组织,"太阳村"再委托当地监狱进行考察,情况属实则把孩子接收到"太阳村"。三是孩子所在地村委会、社区、居委会等了解到情况,将孩子送来。孩子到"太阳村"生活后,每月可与父母通电话,每年可有一次机会到父母所在的监狱探望。

在"太阳村",年龄最小的孩子尚在襁褓中,最大的已满18岁,他们共同生活在"太阳村"的大家庭里,吃在食堂,住在集体宿舍,饮食起居有工作人员专门负责,大的孩子也照顾小的孩子。"太阳村"给孩子们提供更多的是来自大家庭的温暖。"太阳村"并没有单独办学,而是让孩子们到附近的学校上学,融入当地的学校生活,完成九年义务教育。义务教育阶段之后,分为两种培养模式:一是高级助学计划,回原籍继续完成高中学业参加高考,由"太阳村"资助学费及生活费。二是职业培训计划,进入职业技术学校或培训机构,学得一技之长之后进入社会就业。

2. 救助经费来源

(1) 爱心捐助。①对孩子的助养项目,主要通过社会爱心组织或个人,实施对"太阳村"孩子的助养计划,每年给予助养费用(每人每年5 000元)。②果树种植项目资助,"太阳村"有自己经营的农场,种植各种果树,各界爱心人士可每年固定对一定数量的果树进行种植资助(分不同种类的果树,每棵100~500元不等)。另外,对于一些爱心捐助的物品,太阳村也会视情况处理,在满足正常供给后,进行变卖。

(2) 自办产业。经营农场,每个季节产出应季的蔬菜、水果、盆栽等进行销售。爱心人士、公益组织等纷纷加入农产品的推广售卖中。"太阳村"工作人员的构成主要有:当地的一些义工、退休人员,以及年龄在16~18周岁的"太阳村"的孩子。农场经营除有赖于工作人员外,大一些的孩子在放学后、周末、假期都会到农场劳动,每个分中心所在地区也有许多志愿者自发加入农场的劳动中。另外,参观访问者可支付一定的餐费到"爱心食堂"用餐。爱心人士还可以通过购买孩子的绘画、手工艺品等进行资助。

此外,"太阳村"也会向相关政府部门、基金会申请资助,以获得支持与帮助。

社会对"太阳村"的评价

一、正面评价

作为对服刑人员无人照管的未成年子女代管代教的NGO,"太阳村"在我国赢得了社会的广泛好评,发起人张淑琴已是古稀之年,依然忙忙碌碌,着实令人敬仰。第一,该组织为服刑人员家庭提供了爱心救助,解决了这群无辜又无助的孩子成长中最需要的受教育的问题,给他们创造了一个温暖的大家庭,孩子们在接收到社会的爱心后,长大成人后也会回馈社会。第二,为建立和谐社会树立标杆、传递正能量,吸引更多的公益组织、志愿者参与到社会救助的活动中。第三,避免了这些孩子过早进入社会而引发的各种安全隐患。

二、负面评价

2006年,"太阳村"被媒体大量报道,引起社会普遍关注。但在引发热议的同时,因其财务不公开,甚至有人提出其利用孩子谋取不当利益。或许我们可以从其自身管理存在缺陷方面予以分析。

部分参与到"太阳村"公益活动中的社会人士,看到孩子们的生活境况并不容乐观,也感受到因组织不完善而造成的种种问题。比如,孩子的生活环境和教育方式有待改进,对社会热心人士及义工的资助、接待等方面需要规范。

究其原因,一是由于人力、空间有限,社会组织、个人爱心捐助物资的变卖与保存成了问题,为此组织通常会引导资助者捐助种植果树或助养某个儿童,以这种形式直接筹措资金来支持整个组织的运作,这就会给大家造成"伸手要钱"的负面印象。二是孩子们原本就出生在问题家庭,他们从小的生活环境导致其天性较为散漫、个性张扬,在组织机构的工作人员素质和水平有限的情况下,在日常管教过程中难免会出现不当行为。

关于"太阳村"运营模式的一些思考

作为社会公民,服刑人员未成年子女也有权获得相应的合法权益与保障。而作为政府相关管理部门,根据我国行政区域的划分,当地政府以及相关司法部门在对服刑人员的执法过程中,应当了解及妥善安置其家属,帮助他们获取基本生活条件,如联络亲戚、相关慈善机构等。

而"太阳村"这个民间 NGO,应基于其创办目的——为服刑人员未成年子女提供一个生活场所而采取多种措施。具体包括:①专业化培训工作人员,让他们成为有爱心,有心理学、教育学基础,具备良好综合素质的工作者;②向社会明确说明其财务状况,在哪些方面希望得到资助,而不是含糊其辞或明码标价。在涉及经营的某些方面,需要改变做法,例如:爱心人士在食堂用餐,从规定收费额改为爱心捐助并免费供餐;③盆栽的售卖价格也可以视情况而定,如对于义工,只收取花盆的成本和培育成本,对于社会爱心人士,由标价改为义卖和捐助培植;④果蔬则可根据当地市场价格出售或联络批发商给需要的单位食堂长期供货等;⑤在助养孩子和认购捐助果树方面,将孩子们每年的基本生活费明细化,包括服装费、医疗费、学习所需费用、娱乐费等,爱心捐助人士可以捐助某一项,也可以捐助几项,资金用途需要明确,财务管理需要公开透明。

究其问题的根本,在于救助机构工作人员的素质有限,缺乏专业化管理模式、系统化引导,让人们频生疑虑。从这个层面上说,迫切需要相关部门出台规范条例和措施,保证类似"太阳村"这样颇具规模的 NGO 向着更好的方向发展,为和谐社会的构建做出更大的贡献。

我们应该看到,类似"太阳村"这样的民间慈善组织,对于无人照管的服刑人员未成年子女这一特殊人群的特殊意义,它们在很大程度上帮助这些孩子渡过难关,使其获得健康成长所需要的大家庭式的人文关怀,同时也在生存权和教育权方面为其提供了帮助。同时,这些孩子得以避免过早地进入社会,以其不成熟的心智与家庭影响给社会带来负担。从以上两个方面来说,这种救助模式在一定范围内对于孩子及父母,对于社会都是十分有益的。尽管其运营模式受到来自社会舆论的压力,我们仍然相信随着社会主义建设的推进、人们生活水平的提升,以及相关法律法规的逐步细化完善,"太阳村"这样的 NGO 将会为建设社会主义和谐社会、呵护特殊群体青少年和儿童的成长做出更大的贡献。

案例使用说明

一、教学目的与用途

（一）本案例的适用课程

主要适用于"社会保障理论与政策"课程，也适用于"社会保障法制建设""公共政策分析"等课程。

（二）本案例的教学对象

公共管理本科、硕士（MPA）。

（三）本案例的教学目标

本案例通过对NGO"太阳村"运营模式的简析，引导学生运用社会保障的理论方法及分析工具，对案例中无人抚养的服刑人员未成年子女的社会救助形式、社会公众的关注点与未来发展方向、相关公共部门在特殊群体社会保障中的战略引导角色进行分析，从而对弱势群体的社会救助、社会保障的意义和价值等加深理解。

二、启发思考题

1. 如何看待NGO？是基于兴趣参与，资助一些NGO活动还是持保留意见？为什么？

2. 政府部门应当如何引导和规范NGO的运营与强化法律法规？如何促进NGO的良性发展？

3. NGO组织者可以利用哪些资源和渠道实现组织存在价值与较为正规化的运作？

三、分析思路

首先应该了解我国NGO的发展现状、政策支持、社会反响。接下来分析我国因服刑人员未成年子女的抚养问题可能导致的社会问题。最后梳理"太阳村"这个NGO出现的社会背景、现实意义以及未来发展的导向。

四、理论依据与分析

1. 我国对于服刑人员未成年子女的抚养法制建设有待完善。

2. 我国民间NGO的运营和制度规范。

3. 社会保障对于特殊群体的政策引导。

五、关键点

1. NGO"太阳村"的社会影响及价值。

2. 社会保障相关法律制度的健全和完善。

3. NGO内部系统的管理和运营模式导向。

六、建议课堂计划

（一）引入案例（10分钟）

教师借助多媒体，以图片、视频、语言描述等形式，向学生简要介绍NGO"太阳村"的运营模式，以及相关的法律法规和政策。

（二）分组讨论（20分钟）

各组经过讨论，由小组代表就如何建立健全NGO健康运营的方式进行陈述。

（三）案例点评（20分钟）

针对学生的讨论要点与结论予以点评，并对案例的关键点进行重点分析。

（四）案例总结（10分钟）

总结案例，启发学生对社会保障与救助的更深入思考。

公共部门人力资源管理

湖北省公务员能力开发与能力席位建设*

张相林

摘　要：公务员能力培训和开发是目前我国公务员队伍建设的重点内容之一，各地政府进行了很多创新性研究和实践探索。本案例中的湖北省公务员"能力席位"是公共管理领域借鉴企业人才开发经验，以职责（定责、履责、问责）为核心，以岗位为基础的一种全新管理理念。本案例主要介绍了湖北省政府提出能力席位理念的背景以及各级、各类指标的基本含义，同时基于该"能力席位"模型，对公务员能力建设、人才工作等做了初步思考。

关键词：湖北省　公务员　能力席位　素质模型　胜任力

引　言

发展经济学的最新理论认为，处于大体相同发展阶段的国家或地区所具有的不同发展实绩，是由政府不同的"机构能力"所决定的。政府机构能力建设的核心，是使各级政府具有制定切合实际的政策的能力、有效地推行和贯彻政策的能力，以及持续稳定地将这种政策引向深入的能力。政府机构能力的高低直接决定了服务型政府的效率和质量。

公务员的个人能力不能直接等同于政府的机构能力，但它是政府能力与施

---

* 本案例由中央财经大学政府管理学院张相林副教授编写，案例编写中参考了湖北省政府网站相关资讯，借鉴了陈芳等多位专家学者的研究资料，在此一并表示感谢！

政水平的微观基础。当前我国公务员的能力建设已经上升到了国家战略和竞争力的高度,成为目前我国公务员制度改革的核心内容之一。

我国在公务员能力建设方面进行了有效的探索和实践。2003年,人事部出台的《国家公务员通用能力标准框架(试行)》指出,我国公务员须具备九种通用能力,即政治鉴别能力、公共服务能力、依法行政能力、应对突发事件能力、调查研究能力、学习能力、沟通协调能力、创新能力和心理调适能力。

以国家公布的公务员通用能力框架为基础,理论界进行了大量实证性研究,部分省市也尝试进行了拓展和创新。例如,上海市于2004年根据不同层次、不同岗位的要求,构建了上海市公务员的能力指标体系(如表1所示);深圳市于2005年构建了深圳市公务员能力标准框架和要素体系,除了保留人事部公布的九项通用能力标准,还提出了三项体现国际化的城市管理能力,分别是国际惯例认识能力、外语及跨文化沟通能力和信息处理能力;湖北省在2009年提出了公务员应具备的八种能力,即推动科学发展的能力、应急和谋远的能力、创造性工作的能力、统筹协调的能力、团结和谐的能力、廉洁从政的能力、化常为专的能力、服务基层与服务企业的能力。

表1 上海市公务员能力指标体系

对象指标	基层行政人员（科级以下）	中层行政人员（正副处级）	高层行政人员（副局级）
一级指标	二级指标	二级指标	二级指标
思考能力	岗位知识	职务知识	职务见识
	理解能力	分析能力	洞察能力
	想象能力	创新能力	战略思维能力
行动能力	执行能力	实行能力	决策能力
	学习能力	研究能力	研究能力
	表达能力	国际交流能力	国际交流能力
	信息处理能力	判断能力	
管理能力	组织活动能力	团队建设能力	监督能力
	沟通协调能力	指导培养能力	评估能力
		时间管理能力	

(续表)

对象指标	基层行政人员 （科级以下）	中层行政人员 （正副处级）	高层行政人员 （副局级）
工作态度	责任心	责任感	使命感
	积极性	价值观	市民观念
	纪律性	成本意识	
	协作性		

资料来源：查阅中国知网部分文献资料，经编者整理。

湖北省各层级公务员"能力席位"

2009年以来，湖北省政府"能力建设年"活动领导小组办公室组织专家组开展了湖北省行政机关公务员通用能力席位标准研究工作，以"八种能力"为依据，参考国内外公务员能力标准框架，经多方征求意见，反复研究修改，形成了《湖北省省直机关公务员通用能力席位标准（试行）》（如表2所示），2010年7月以省委办公厅、省政府办公厅名义印发施行。

表2 湖北省省直机关公务员通用能力席位标准（试行）

能力指标 \ 职级	厅级	处级	科级	科级办事员
1	学习能力	学习能力	学习能力	学习能力
2	政治鉴别能力	政治鉴别能力	政治鉴别能力	政治鉴别能力
3	调查研究能力	调查研究能力	调查研究能力	调查研究能力
4	表达能力	表达能力	表达能力	表达能力
5	依法行政（办事）能力	依法行政（办事）能力	依法行政（办事）能力	依法行政（办事）能力
6	科学决策与推动发展能力	参谋与策划能力	工作执行能力	工作执行能力
7	管理创新能力	工作创新能力	工作创新能力	工作创新能力
8	公共服务能力	公共服务能力	服务基层能力	服务基层能力

(续表)

能力指标 \ 职级	厅级	处级	科级	科级办事员
9	党风廉政建设能力	党风廉政建设能力	自我规范与约束能力	自我规范与约束能力
10	战略性团队建设能力	团队组织管理能力	团队协作能力	团队合作能力
11	公共危机管理能力	应急管理能力	应急能力	应急能力
12	身心健康与调适能力	身心健康与调适能力	身心健康与调适能力	身心健康与调适能力

资料来源：湖北省政府网站；陈芳，鲁萌."能力席位"视角下公务员绩效考核三级指标体系研究——以湖北省省直机关公务员为例[J].中国行政管理，2013(11)；以及中国知网部分文献资料，经编者整理。

能力通常指完成一定活动的本领，是正确驾驭某种活动的素质、智力、能量和熟练水平，是人的综合素质在现实行动中的表现，包括体力、智力、实践操作能力等一般能力，以及从事某种活动的特殊专业才能和为社会做贡献的创造能力。能力与知识、素质、技能、体力、态度等因素密切相关。席位是与一定的权、责、利相联系的工作位置，强调能力、素质、资格等。岗位是与责任、任务相联系的工作位置，强调责任、任务、工作要求等。职位是与一定的职级、头衔相联系的工作位置，强调级别、头衔、资历及工作任务。席位既要有职、有岗，更要有能力、有素质。

公务员能力席位是以公共管理领域的经验为借鉴，以职责（定责、履责、问责）为核心，以岗位为基础的一种全新的管理理念，由湖北省政府率先提出并付诸实践。公共管理领域的一个管理岗位就是一个能力席位，推而广之，所有的公务员岗位都是能力席位。公务员的能力席位是有规定的，每一个岗位、每一个能力席位都有其特定要求，包括思想水平、综合素质、专业能力、经历资历等。这些能力要求制定的依据是岗位职责，表现形式则是任职资格（即素质模型）。不同类型、不同等级的岗位所需要具备的能力也存在较大的形式差异和能级差异。公务员能力席位强调职位决定能力，职责要求就是能力，即公务员能力席位是责任、义务、权力与任职资格的统一。席位能力即公务员相对于任职职位的胜任力。提升公务员能力的关键是提升公务员胜任工作的能力与水平,也就是要提升公务员的胜任力。公务员能力席位强调席位是固定的,任职的人是可变的,谁最能胜任就选谁。低能和平庸意味着丧失了任职的条件。

《湖北省省直机关公务员通用能力席位标准(试行)》适用于省级党的机关、人大机关、行政机关、政协机关、审判机关、检察机关、民主党派机关的公务员(参照《公务员法》管理的单位参照执行),标准分厅级、处级、科级、科级办事员四级各12项指标。

一、厅级公务员能力席位标准

湖北省厅局级公务员能力席位的设置标准,或者能力素质要求,包括以下内容。

1. 学习能力

及时学习、理解党和国家新的政治理论和重大方针政策、基本法律法规;快速捕捉政治、经济、社会发展中新的难点和热点,并与工作充分对接;能够掌握本系统办公自动化系统,熟知网络、Office等现代信息处理技术和办公工具;善于营造学习环境和条件,指导下级不断提高学习能力并掌握科学学习方法。

2. 政治鉴别能力

理解并掌握党和国家的重大方针政策;坚定政治立场,能在重大政治斗争中把握方向、明辨是非;能够在了解基本信息的基础上,洞察问题的本质、将来可能产生的问题以及正确解决问题的方向。

3. 调查研究能力

全面、熟练地主持大型调研活动;深入思考政治、经济领域以及本系统工作中的问题;善于发现问题、分析问题,准确把握事物发展的历史、现状和产生的影响;熟悉社会调查原理与方法;指导撰写高质量的研究报告,善于总结经验、发现典型以指导和推动工作。

4. 表达能力

能够熟练运用普通话,流畅、准确、富有条理地表达思想;交流中能较好地控制全局,注重培养媒体素养,自觉维护党和政府在媒体与民众中的形象及影响力;熟知公文写作规范;能主持完成工作总结、调研报告等文字材料。

5. 依法行政(办事)能力

精通与本系统业务有关的法律、法规、规章、政策,具有高度的法律意识和法治观念;通过有效的管理手段提高组织的依法行政(办事)能力;指导在系统内建立健全依法决策机制,做到工作有法可依、有章可循;熟悉本系统在全省的依法行政(办事)情况,从宏观上把握本系统的法治建设进程。

6. 科学决策与推动发展能力

以科学发展观为指导,从发展、辩证、战略的视角把握全局,谋划发展;充分利用各种信息对当前形势进行正确的分析、判断;正确把握、采纳与协调社会经济形势变化中的各类意见,及时准确地做出决断。认真贯彻执行党和国家的各项方针政策,及时部署,狠抓落实。在系统内大力培育执行理念,倡导执行文化,强化执行机制,提高办事效率和工作效能。

7. 管理创新能力

熟悉相关业务的新理论和新方法,不断探索本系统新的发展规律和实践路径;能建立促使公务员能力提升的激励机制,营造有利于公务员创新能力提升的文化氛围;领导组织下属进行工作创新。

8. 公共服务能力

精通相关业务的工作流程与机制;领导、督促本系统内各部门逐步提高依法办事的操作能力和服务水平,提高服务基层和服务企业的能力;在实际工作中坚持以人为本和为人民服务的宗旨,积极推进人民满意的服务型机关建设。

9. 党风廉政建设能力

树立正确的人生观、价值观,注意加强职业道德修养,提高自我约束和控制能力,做到廉洁奉公、拒腐防变;指导和监督下属保持清正廉洁,不断加强公务员队伍的党风廉政建设;严格要求和管好配偶、子女及亲属;自觉接受社会监督,生活作风正派。

10. 战略性团队建设能力

前瞻性思考本系统发展战略,并以此为基础合理调配人员、组建团队,善于营造团结和谐的工作氛围;在本系统内形成科学、合理的人员培养、流动与选拔机制,提升工作效能。

11. 公共危机管理能力

精通运筹管理和应急管理的相关政策、理论,指导制定本系统的应急管理体系,不断提升整体应急能力;在突发事件中能够驾驭全局并控制整个事件的发展;危机事件处理过程中能够着眼长远和整体;对重大突发事件发生的缘由、处理的得失以及反映的体制性、机制性问题能够及时总结和应对。

12. 身心健康与调适能力

保持积极乐观的精神状态、健全的人格和自信的人生态度;崇尚职业道德、社会公德、家庭美德、个人品德;具有胜任工作的身体素质和较强的环境适应能力,能有效地进行心理调适,合理调控情绪;能够指导下属进行心理调整。

二、处级公务员能力席位标准

湖北省处级公务员能力席位的设置标准,或者能力素质要求,包括以下内容。

1. 学习能力

学习并掌握党和国家各项政治理论和重大方针政策、基本法律法规;关注和思考政治、经济、社会发展中新的难点和热点;主动学习并熟悉网络、Office等现代信息处理技术和办公工具,实现网上办公;在管理范围内倡导学习,提高化常为专的能力,指导下级不断提高学习能力。

2. 政治鉴别能力

熟知党和国家的重大方针政策及其变化;能够在充分了解信息的基础上,透过现象看本质;熟练运用国家的方针、政策指导和开展业务工作。

3. 调查研究能力

坚持群众路线,掌握科学的调查研究方法,善于总结经验,能够指导或者撰写高质量的研究报告;以科学发展观为指导,积极思考和谋划管理范围内的各项工作。

4. 表达能力

熟练运用普通话,在公开场合或会议发言中,能以严肃权威、清晰流畅、中心明确、条理清楚的语言准确地传达有效信息;熟知公文写作知识和运行规则;能起草工作总结、调研报告等文字材料。

5. 依法行政(办事)能力

熟知与业务有关的法律、法规、规章、政策,掌握相关法律法规的立、改、废情况;严格按照法定权限、法定程序,合法、合理和有效行政(办事);重视制度建设,抓基础性、长效性工作,指导、检查和督促下属依法行政(办事),推进依法行政（办事）工作进程。

6. **参谋与策划能力**

准确领会省委、省政府有关重大时政方针，谋划和推动本机关管理过程中的重大工作事项、重要工程和重要项目；按照实际情况提出科学合理的建议或思路，并根据上级的指示将相关建议转化为具体的工作措施或实施方案。

7. **工作创新能力**

掌握相关业务的新理论或新方法；具有创新意识，能够在工作中提出创造性、实效性的管理思路或方式；能够领导、组织下属进行工作创新。

8. **公共服务能力**

掌握相关业务的工作流程与方法；增强公共服务意识，积极与相关部门沟通、联系；牵头组织、协调完成相关政策、制度的论证及送审工作；监督下属公共服务的效果，提高本部门服务基层、服务企业、服务群众的能力和水平；不断提高解决复杂矛盾和群众关心的热点、难点问题的能力。

9. **党风廉政建设能力**

具有较高的道德水平和自我约束规范能力，对自我行为进行客观评价，及时纠正和调整自我错误或失当行为；接受上级领导的党风廉政政策指导，并监督下属的实施情况；严格要求和管好配偶、子女及亲属；自觉接受社会监督，生活作风正派。

10. **团队组织管理能力**

主动利用包括行政网络平台在内的各种沟通交流渠道进行内外联系和沟通，协调处理好各方面的关系；充分发挥上传下达的作用，形成团结和谐的工作氛围；合理调动团队成员的工作积极性，做到人岗匹配、各司其职，强化执行意识，提高团队执行力，迅速有效地落实各项任务和要求。

11. **应急管理能力**

应急管理的相关政策、理论，在需要危机管理应对时，能适时地做出准确判断；能够通过搜集舆情并进行分析研判，及时预警可能发生的突发性事件或群体性事件；危机事件发生时，能第一时间出现在事发现场，将事件处理在初始阶段；掌握与媒体交往的各种规律和方法，了解社情民意和舆论导向，以媒体为信息传播平台，积极引导舆论，及时化解矛盾分歧。

12. 身心健康与调适能力

保持积极、乐观、向上的精神状态;具有胜任工作的体能和一定的环境适应能力,能够了解下属和心理状况并给予指导。

三、科级公务员能力席位标准

湖北省科级公务员能力席位的设置标准,或者能力素质要求,包括以下内容。

1. 学习能力

学习、了解党和国家各项政治理论、重大方针政策、基本法律法规,主动学习新的业务知识,提高化常为专的能力;主动学习并精通数据库、网络、Office 等现代信息处理技术和办公工具。

2. 政治鉴别能力

了解党和国家的重大方针政策及其变化;坚定政治立场,做到是非分明;能够在工作中坚决、及时贯彻上级的政治决策。

3. 调查研究能力

能够收集、整理、分析与本业务有关的信息资料;熟悉机关行政中的各种数据、图表和模型,能够通过信息和数据的分析了解问题的实质和获得科学的结论,并能够撰写高质量的研究报告。

4. 表达能力

普通话标准,言语流畅、思路清晰地表达观点;涉外工作中能运用外语进行交流;熟知公文写作知识和运行规则;能独立完成工作中的文字材料。

5. 依法行政(办事)能力

了解与本职业务有关的法律、法规、规章、政策和程序性规定,以及各类文书种类和样式;能够严格按照法定职责权限和法定程序办事,坚持法律原则性与政策灵活性相结合。

6. 工作执行力

具有扎实的工作作风、良好的办事能力和执行能力,能及时、有效地完成上级领导交办的任务。

7. 工作创新能力

熟知系统内业务的新理论或方法;具有创新思维,能够不断改进本岗位的工作方式、方法,富有创造性和主动性地开展工作。

8. 服务基层能力

熟知系统内相关业务的工作流程与方法;具有较强的服务公众、企业和社会的意识;能够不断改进服务机制和方式、方法,提升服务水平和工作效率,按要求向企业和基层提供高质量的公共服务;能独立完成有一定难度的工作任务,及时向上级汇报难以判断的事态。

9. 自我规范与约束能力

具有良好的道德修养,能够在工作中严格规范与约束自己,服从上级指导,接受社会和群众监督。

10. 团队协作能力

具有较强的团队合作精神;能够通过沟通主动融入工作团队;能够独立承担组织战略规划中的具体工作。

11. 应急能力

了解应急管理的相关政策、理论;在工作中能够协助领导进行组织内部的应急管理;能够组织处理突发事件;能够及时发现敏感问题并及时汇报。

12. 身心健康与调适能力

保持积极、乐观、向上的精神状态;具备胜任工作的体能和基本的心理调适方法与技巧,具有一定的环境适应能力、心理调整能力和抗压、抗挫折能力。

四、湖北省科级办事员公务员能力席位标准

公务员能力席位的设置标准,或者能力素质要求包括以下内容。

1. 学习能力

学习、了解党和国家相关政治理论、重大方针政策、基本法律法规,能够处理好学习与工作的关系;能在上级指导下主动学习、熟知新的业务知识和操作方法,掌握数据库、网络、Office等现代信息处理技术和办公工具。

2. 政治鉴别能力

知晓党和国家的重大方针政策、基本法律法规及其变化;坚定政治立场,做到是非分明;能够在工作中坚决贯彻上级的政治决策。

3. 调查研究能力

通过文本学习与社会实践,具备信息搜集、储存与分析的能力;能够按上级要求收集、整理、分析与本业务有关的信息资料,在上级指导下撰写调查报告。

4. 表达能力

普通话标准,言语流畅、思路清晰地表达观点;涉外工作中能运用外语进行基本交流;熟悉公文写作知识和运行规则;能及时完成工作计划、工作总结等文字材料。

5. 依法行政(办事)能力

知晓与本职业务有关的法律、法规、规章、政策和程序性规定;在上级指导下按照法定职责权限和法定程序办事。

6. 工作执行能力

清楚相关业务的工作流程与方法;能在上级指导下完成处室内一定难度的工作任务;能独立、及时、有效地完成日常工作。

7. 工作创新能力

知晓系统内业务的新理论、新方法;能够在上级指导下不断改进本岗位的工作方式、方法,主动开展工作。

8. 服务基层能力

能够按要求向企业和基层提供公共服务;及时向上级汇报难以判断的事态。

9. 自我规范与约束能力

具有良好的道德修养,能够在工作中严格规范与约束自己,能够服从上级指导和监督。

10. 团队合作能力

具有一定的团队合作精神;能够通过沟通,融入工作团队;能够在上级指导下完成组织战略规划中的具体工作。

11. 应变能力

知晓应急管理的相关政策、理论;具备较强的应变能力,在工作中根据事态变化、民情变化和局势变化,灵活调整思路;能够协助领导处理部分应急事务;能够及时发现敏感问题并及时汇报。

12. 身心健康与调适能力

保持积极、乐观、向上的精神状态;了解基本的心理调适方法和技巧,具有胜任工作的体能和一定的环境适应能力;在工作中保持平和心态。

案例使用说明

一、教学目的与用途

（一）本案例的适用课程

主要适用于"人力资源管理"课程,也适用于"公共管理学""公共政策分析"等课程。

（二）本案例的教学对象

公共管理硕士(MPA)。

（三）本案例的教学目标

引导学生运用人力资源管理中相关的理论和方法（如胜任力模型、工作分析等）分析湖北省公务员能力席位提出的特点、意义,从而对公务员能力建设问题加深理解。

二、启发思考题

1. 湖北省公务员能力席位与国家公布的公务员一般胜任力框架关系如何?
2. 湖北省公务员能力席位标准的特点有哪些?
3. 制定能力席位标准最主要的工作有哪些?
4. 如何将能力席位标准应用到公务员能力建设工作中,进而提升公务员管理科学化水平?
5. 你认为,湖北省公务员能力席位建设中还存在哪些问题和不足?

三、分析思路

从公务员能力建设、党政人才开发规划以及国家通用公务员能力框架中存在的问题出发,分析湖北省公务员能力席位标准的特点、创新及推行意义;利用工作分析、岗位胜任力模型等相关理论知识,确定每个岗位的能力席位,进而思考将其应用至公务员能力建设中的相关问题。

四、理论依据与分析

分析该案例所需要的相关理论,主要包括工作分析与评价、胜任力模型等。

五、关键点

1. "能力""胜任力""能力席位"等概念辨析。
2. 把握能力席位标准提出的意义。
3. 明晰岗位职责确定的相关工作。
4. 了解公务员能力建设的工作现状。

六、建议课堂计划

（一）引入案例（10分钟）

介绍公务员能力建设现状，并提出能力席位概念。

（二）导入相关理论（20分钟）

导入工作分析与评价、胜任力模型等相关理论，并阐明这些理论对于分析本案例的作用。

（三）问题提出与分组讨论（30分钟）

提出以上列出的5道启发思考题，引导学生就问题进行思考和分组讨论。

（四）分组汇报（30分钟）

分组进行汇报，交流各组讨论的结果。

（五）案例点评（20分钟）

针对学生分组讨论的结果予以点评，并对案例的关键点进行重点分析。

（六）案例总结（10分钟）

总结案例，引发学生对公务员能力建设问题的思考。

压力引起的焦虑[*]

王文娟 张鑫嫒

摘 要： 本案例描述了职场中女性面临多方压力的现状和由此引发的焦虑、失眠等身体问题。案例的主人公张小红是 B 高校人事处劳资科科长，自现任人事处副处长李郝娜调入后，张小红面对的工作压力、MPA 学业负担和家庭责任越来越重，这也导致她不得不选择安眠药维持睡眠。面对如此境况，张小红该何去何从？

关键词： 工作压力 焦虑 人际沟通

引 言

床头的电子时钟在漆黑的夜晚显得格外明亮，张小红看了眼时间，深深叹了一口气，已经凌晨 5 点了，又是一夜未眠。对比起几年前和现在的工作、生活状态，各方压力不知不觉已让她每天累得像个高速旋转的陀螺，一旦失去安眠药物的帮助，就连基本的睡眠都无法保证了。她已走到了崩溃的边缘。

背景介绍

张小红是 B 高校人事处劳资科科长，今年 42 岁，大学一毕业就来到现在单

---

[*] 本案例由中央财经大学政府管理学院王文娟教授和中央财经大学政府管理学院研究生工作办公室主任张鑫嫒共同编写。本案例是真实案例，由于当事人保密的要求，对部分细节做了必要的掩饰性处理。

位的人事处工作,已是单位的元老级职工。由于她工作认真、踏实,又勤奋好学,苦活、累活抢着干,得到了领导和同事的普遍认可,32岁便已晋升为人事处师资科科长。师资科主要负责员工的职称晋升及学习、培训工作。张小红熟悉业务,工作兢兢业业,领导多次暗示她有可能晋升人事处副处长。

突来的新同事

张小红以为工作会一直顺利延续下去,但是四年前,李郝娜的到来,打破了她原本平静的生活。李郝娜不仅人长得漂亮,而且打扮时尚,尽管只比张小红小两岁,但看起来比张小红年轻得多。李郝娜一来,人事处长就找张小红谈话,说李郝娜在原来的单位是师资科科长,她现在刚到新单位,对其他业务不熟悉,希望由她做师资科科长,张小红暂时调任劳资科科长,今后再做调整。张小红考虑了一下,认为自己在人事处工作了那么久,对各个科室的业务都比较了解,劳资科的工作虽然累一些,但也能胜任;既然领导有了新的安排,也应该服从。而且她认为领导说"今后再做调整"的意思是将来她可能升任人事处副处长,便欣然答应了。

难以开展的工作

但事情并不像张小红想得那么简单。张小红调任劳资科科长后,劳资科一共三人,一名正科长,一名副科长,一名科员。副科长王强30岁,名牌大学硕士毕业,业务能力强,计算机和写作水平也很不错,王强原以为自己会顺利晋升劳资科科长,可现在张小红的到来顿时让他感觉升迁无望。与师资科相比,劳资科的工作烦琐很多,员工的工资、福利、社保等统计表等不能有半点差错,任何疏漏都会给人事处带来不小的麻烦。张小红对计算机统计软件Excel的使用方法也不熟悉,王强还经常借故不能按时提交统计报表,迫使张小红不得不花大量时间自己统计并撰写报告。虽然张小红的加班频率和时间增加,但工作中的错误却越来越多,为此总会受到领导的批评。

更让张小红感到难受的是,李郝娜调来一年后,就晋升为人事处副处长,而自己依旧是劳资科科长。张小红认为李郝娜的到来使自己在单位被边缘化了,李郝娜经常组织同事在业余时间一起聚餐或是唱歌,而这些活动总没有张小红的份儿。还有一点让张小红心里很不舒服的是,李郝娜作为副处长,经常无视张小红这个科长的存在,而是直接布置工作给副科长王强。

由于性格原因和多年做人事工作的经历,张小红养成了认真、谨慎、原则性强的工作风格。而李郝娜来B高校人事处之前,是做工会工作的,加之其个性开朗、处事灵活、善于沟通,做事更重视人际关系和宣传效果,因此常常是张小红辛辛苦苦地做了许多工作,最后成绩却算到了李郝娜头上。张小红觉得与李郝娜共事实在难受。

学业和生活的压力

其实除了工作压力和人际关系的问题,学历也是张小红的一块心病。人事处大部分同事都是硕士或硕士以上学历,有些刚入职的年轻人都是博士毕业了,想想自己依然是个小小的本科,再不学习深造,发展前途更加渺茫。几经斟酌,张小红咬牙考上了一所名牌大学的MPA,只是每周末两天都得去上课,这让毕业多年的她精疲力竭,叫苦不迭。近期,一个巨大的挑战摆在张小红的面前,这也是导致她失眠的直接原因,那就是硕士学位论文开题报告。学校早已布置了这一任务,导师要求开题报告的参考文献不能少于50篇,还得有英文文献,但是她迟迟进入不了状态,无论如何都无法集中注意力查阅资料,巨大的压力和烦恼让她感到心有余而力不足,提起笔却不知如何落下。现在,离交开题报告的期限只有一个月了,张小红依然一字未写。每晚闭眼,她脑海里浮现的都是单位领导的指示和学校老师的叮咛,迫在眉睫的压力导致她彻夜失眠。

屋漏偏逢连夜雨,最近家庭也不"给力"。张小红的孩子上小学六年级,为了上个好中学,孩子参加了三个课外班,但她丈夫调到外地工作,她除了要独自照顾孩子的起居接送其上学,还得帮孩子复习功课。

未来该怎样

张小红心里明白,自己的精神状态欠佳从李郝娜的调入就已开始,只是最近更严重了。张小红去医院精神科看病,医生说她患的是焦虑症①,开了"百忧解"②等一大堆吓人的治疗精神症状的药,这更让她睡不着了,担心自己真的成了精神疾病患者,看着眼前的药瓶更加恐慌了。她找了一个心理学专业的朋友咨询,朋友建议她先吃一段时间的安眠药试试。朋友解释说,安眠药的副作用不大,而且不易形成依赖,这才让张小红稍稍放心了一些。在药物的作用下,张小红暂时能睡着了,但是她的忧虑丝毫没有减少——不能每天都依靠药物生活啊!

新的一天即将开始,望着窗外天空泛起的鱼肚白,张小红感觉自己很渺小,也很无助,不知道未来该怎样。

案例使用说明

一、教学目的与用途

(一)本案例的适用课程

主要适用于"组织行为学"课程。

(二)本案例的教学对象

公共管理硕士(MPA)。

(三)本案例的教学目标

帮助学生了解工作压力并能及时排解压力。

二、启发思考题

1. 你会给张小红什么劝告?你认为是什么给她带来了压力?又如何能减轻她的压力?

2. 你过去有哪些成功应对工作压力的好经验?这些方法对张小红有用吗?

---

① 焦虑是最常见的一种情绪状态,出现此种情况,应予以正视,积极施行能减轻焦虑的事情。焦虑是一种保护性反应,也称为生理性焦虑。当焦虑的严重程度和客观事件或处境明显不符,或者持续时间过长时,就变成了病理性焦虑,又称为焦虑症状,如果符合相关诊断标准,就会被诊断为焦虑症(也称为焦虑障碍)。

② 百忧解属口服抗抑郁药,学名:盐酸氟西汀,英文名:Fluoxetine hydrochloride,别名:百忧解。主要是通过抑制中枢神经对5-羟色胺的再吸收,来用于治疗抑郁症及其伴随的焦虑,也用于治疗强迫症和暴食症。

三、分析思路

压力对于个体来说,也不完全是破坏性的。适当的压力能够促进工作任务的完成。认识和评估压力是如何影响我们自己的工作绩效和他人的工作绩效的,有助于我们利用压力的积极作用,避免压力的消极作用。

四、理论依据与分析

压力的概念源于物理学。物理学认为,压力是指当物体受到试图扭曲它的外力时,在其内部产生的相应的力。心理学认为,当个体认为该事件非自己能力所及或者危及自己的健康时,就会产生压力。

压力及其应对是心理健康领域研究的重要内容,包括以下5个方面的内容:压力源,引起压力的事件;压力应对,个体在面对压力情境时所采取的应对策略;压力应对资源,个体应对压力的个人资源、环境资源;压力反应,个体在面对压力情境时所产生的生理、心理和行为变化;压力结果,压力对个体产生的持久性影响。

个体如果体验到过度的压力,就会引起情绪上的问题,表现为紧张担心、坐立不安、注意力无法集中,甚至如心悸、手抖、出汗等,这就是焦虑。持久的焦虑,不仅影响学习工作效率,还可能影响到心理健康和身体健康。

美国心理学家创立的"理性情绪疗法"中压力应对的"ABCDE"法,可以帮助我们减轻焦虑感。

A——事件(activating event)

B——信念(belief)

C——结果(consequence)

比如,你写的一份工作报告交给领导后,被领导当面批评(事件A);你认为自己已尽了全力,写得很好了,领导是在吹毛求疵(信念B);你觉得领导有意难你,对你不公平,开始消极怠工,然后越来越感觉到领导对你不好,验证了你的想法(结果C)。

"ABCDE"法是通过驳斥非理性信念来应对消极情绪的一种方法,是通过给ABC另外增加两个步骤:D和E,来改变自己的想法,从而减轻焦虑感。

D——驳斥(dispute)

E——交换(exchange)

比如,前面的例子中,你可以这么想:尽管我花了很多时间写这个工作报告,但是,由于经验不足,写得不够好。领导批评我的时候,是对事不对人(驳斥D);你听了领导对工作报告的批评和建议,向工作报告写得好的同事学习,认真修改和完善工作报告,最终得到了领导的肯定。你发现,你的领导是有能力的,对你的工作的指导是建设性的,你和领导的互动越来越积极(交换E)。

压力管理的行动方案:不受压力控制;关心你自己;求助他人;寻求工作与生活的平衡;事先做好准备;构建自己的竞争力;发挥创造性;调整自己的态度。

五、关键点

分析哪些压力是自己能够控制的,哪些压力是自己不能控制的。对于不能改变的压力予以接受,对于能够改变的压力想办法改变。

六、建议课堂计划

(一)引入案例(5分钟)

讲解张小红经历的事情,分析她的心理感受,并提出问题:"造成张小红焦虑的真正原因是什么?"

(二)导入相关理论(10分钟)

介绍压力的概念,用心理学的理论解释压力和焦虑的关系,说明工作压力是否导致焦虑,以及个体对压力的认知所起的作用。

(三)案例讨论(25分钟)

引导学生结合自己的工作生活经历,讨论:"你过去采取过哪些行动帮助你成功应对压力?你觉得,这些方法对张小红有用吗?"在课堂中,引导学生分享自己应对压力的成功经验,学习用积极的思考方式应对压力。

(四)案例总结(10分钟)

通过学生的讨论,总结本案例,就案例中提出的问题给予富有启发性的回答。

应急管理

昆明抵制 PX 项目事件*

孙 静

摘 要：本案例描述了2013年昆明市抵制 PX 项目事件的始末，并借助政府部门应急管理、危机管理等相关理论，从政府部门角度出发分析了我国环境保护类群体性事件的现状、特征与演化规律，同时探索出相应的治理对策，以进一步提高 MPA 学员理论联系实际的问题分析与解决能力。

关键词：昆明 安宁炼化厂 PX 项目 群体性事件

引 言

2013年，昆明市政府拟在安宁投资建设生产 PX①产品的炼油项目，由于担心 PX 产品会对环境和市民健康造成不利影响，昆明市市民自发组成游行队伍多次抵制该炼油项目。面对群众的不满与抵制行为，昆明市政府展开了多次民意咨询和座谈，多渠道听取群众意见，最终决定放弃安宁炼化厂 PX 产品的炼油项目。

---

* 本案例由中央财经大学政府管理学院孙静讲师编写。本案例取材于真实事件，作者通过搜集事件相关信息资料整理后形成文稿。

① PX，又称为对二甲苯，是一种液态、透明并带有芬芳气味的化合物，其可用来制作聚酯纤维与聚酯材料，是生产涤纶服装与各类塑料制品的重要原材料。

背景介绍

PX 具有可燃、低毒的属性,其蒸汽与空气混合后可形成混合型爆炸物,其通过吸入、食入或皮肤接触的方式侵入人体,对人的眼睛及呼吸道产生强烈刺激,长期接触可导致人的肝、肾等功能损伤。目前,我国 PX 生产处于供不应求的状态,市场需求缺口明显。2012 年,中国对 PX 的实际需求为 1 385 万吨,已经成为全球最大的 PX 消费国,占全球消费量的 32%,但中国 PX 总产能仅为 880 万吨,自给率只有 63%。① PX 项目的生产存在巨大的利润空间,有关专家估计,在未来 10 年内,我国可新建 10 个以上年产 80 万吨的 PX 项目。②

PX 具有易燃、易凝固的特点,使用时应远离火种等热源,还要注意保温,防止泄漏,其运输和存储的风险较高。同时,PX 生产时还需要使用大量水源,为此在 PX 项目选址时一般按照依水而建的原则,离大江大海近,并与 PX 下游产品苯二甲酸(PTA)生产工厂近。

在昆明市 PX 项目落地之前,厦门、大连、宁波等地也曾拟建设 PX 项目,均遭到当地市民的强烈抵制,后被迫取消。

事件始末

2013 年,昆明市政府拟投资建设中石油云南石化炼油项目,年产量约 1 000 万吨,该项目的研究可行性报告于 2013 年 1 月获得国务院批准。该项目投资总额约为 200 亿元,形成年产值约 1 000 亿元,将大幅拉动当地经济的增长。该项目的主要产品为 PTA 和 PX,拟建于安宁市草铺街道距离昆明市市中心 45 公里处,为昆明市上风口。由于担心有害物质会扩散到市区,对市民健康带来不良影响,昆明市市民发起游行,呼吁政府取消 PX 项目的建设。

昆明抵制 PX 项目事件的关键节点如下:

2013 年 2 月 6 日,《昆明日报》刊登《国家发改委正式批复中石油云南项目——安宁将成西南石油中枢》一文,在文中指出将在昆明安宁建设中石油炼

---

① 冉永平等.揭开 PX 的神秘面纱[N].人民日报,第 019 版,2013-06-24.
② 蔡恩泽.PX 项目缘何屡受争议[N].中国审计报,第 006 版,2013-05-20.

化项目。由于该项目包含PX的生产,引起昆明市市民的广泛关注,并普遍表现出抵触情绪。

2013年3月29日,昆明市政府召开新闻发布会,称安宁炼化厂项目经过严格审查审核,符合国家标准。项目选址经过多方论证,虽处于昆明市上风口,但中间有西山相隔,可有效阻隔对昆明市的污染。项目采用的生产技术达到国际先进水平,可保证污染物安全达标排放。

2013年4月18日,昆明市的环境组织对该项目进行现场调查,认为在项目推进过程中,政府未能及时向公众发布相关信息,在信息公开方面存在问题。同日,安宁市草铺街道党工委周德昆书记在与昆明本地环保组织对话时表示,目前安宁是否建设PX项目还在论证中,论证结束后会有民意咨询过程。

2013年5月4日,昆明市3 000多名群众戴着口罩,举着"PX滚出昆明"等横幅走上街头,抗议PX项目。游行发生后,当地警察用人墙围住抗议区域,只允许出,不允许进,该过程中未发生人员冲突。

2013年5月10日,昆明市政府召开安宁炼化厂项目新闻发布会。中石油云南石化公司总经理胡兢克表示,安宁炼化厂项目的副产品目前不包括PX,有关PX产品配套项目的前期工作仍在规划中,并未开始建设。昆明市市长李文荣表示,安宁炼化厂项目坚持环保一票否决制,会进行严格验收;该项目配套环保项目和设施未落实,未经过法定的验收,将坚决不投产;整个过程将请公众参加,验收时会加强信息公开,邀请公众参加验收;群众特别关心的安宁炼化厂项目的PX部分将实施民主决策,"大多数群众说上,市人民政府就决定上;大多数群众说不上,市人民政府就决定不上"。昆明理工大学教授、环境工程专家郑志华在发布会上针对项目选址情况进行解释说明,认为安宁与昆明之间有高山阻隔,只要大气污染物排放达标,昆明的空气质量仍然可以保持在全国名列前茅的水平。

2013年5月13日,昆明市政府召开中石油云南炼油项目恳谈会。40名与会代表中,包括昆明市人大代表、政协委员,还包括教师、学生、客货车驾驶员、出租车驾驶员在内的昆明主城区和安宁市的市民。在恳谈会上,中石油云南石化有限公司总经理胡兢克表示,云南千万吨炼化厂项目的战略意义十分重要,要从国家面临的能源危机、国家石油战略、中缅管线来看待云南炼化厂的重要性,同时项目也要为云南人民服务。昆明市市长李文荣表示在重大项目建设过程中,政府和企业一定要加大信息披露的力度。针对市民普遍关注的环保问题,李文荣表示,保护好家园是政府义不容辞的责任,昆明市提出了要生态立市,要环境优先,"过去污染的,我们要治理;没有污染的,我们不能再污染"!针对"中石油云南炼油项目环评报告能否公开"的问题,云南省发改委副主任、能源局局长马晓佳表示,一般项目立项有6个环节,而中石油云南炼油项目有54个环节,每一个环节都十分严谨。一个项目核准过程中,重要的环节公众可参与其中,参与程度和范围由各个主管厅局根据国家规定进行把关。"该项目的环评报告有密级,是云南近年来能源项目仅有的涉密文件,不能公示"。

2013年5月16日上午10时左右,昆明市群众于五华山、正义路附近再次游行,人群聚集路段附近交通一度瘫痪,公安部门在游行现场维持秩序,整个过程未发生冲突。下午4时左右,昆明市市长李文荣与游行队伍对话,并给出承诺:①于5月17日中午12时前开通新浪微博,与网友对话,否则引咎卸任。②5月22日重新开启与市民的座谈。兑现承诺的李文荣市长于17日开通微博,微博开通当日就得到8万多粉丝的关注。5月22日,李文荣市长又组织23名市民代表举行第二场恳谈会,就PX项目再次展开讨论。

面对昆明市公民的多次抗议,在经过多次群众座谈和协商后,昆明市政府放弃了安宁炼化厂PX项目的生产计划。

事件尾声

近年来,PX项目在多地遭遇当地群众抵制,从早期的厦门PX事件、宁波PX事件,到昆明PX事件,最终结果都无一例外的是政府顺应民意,将PX项目暂停或迁址。从多起PX抵制事件中可以看出,我国民众的环保意识不断提高,对于政府信息公开的诉求意愿也逐步增强。在多地抵制PX项目的事件中,地方政府多处于较为被动的局面,对于如何提升环境保护类群体性事件的应急管理水平,还要进行进一步的研究与探索。

案例使用说明

一、教学目的与用途

(一)本案例的适用课程

主要适用于"政府危机管理"的课堂教学讨论,也适用于"公共管理学""公共部门决策分析"等课程。

（二）本案例的教学对象

公共管理硕士（MPA）。

（三）本案例的教学目标

一是让 MPA 学员了解与分析我国当前群体性事件的现状与特征；二是通过对昆明抵制 PX 项目事件的具体分析，讨论地方政府在危机事件处理过程中的不足，探讨地方政府提升危机管理绩效的路径。

二、启发思考题

1. 在昆明群众抵制 PX 项目的群体性事件中，你认为昆明市政府在展开应对工作时是否存在不足？可以从哪些方面予以改进？

2. 目前环境污染群体性事件屡屡发生，试分析该类事件发生的原因及演化规律。同时思考政府部门应如何预防此类事件再次发生。

三、分析思路

本案例属于环境污染群体性事件的范畴，在分析其演化规律时可利用演化博弈理论、舆情传播与管理理论等内容展开讨论；在分析此类事件的预防与治理时，可利用政府危机管理理论，从信息公开、公众参与、事件预警、冲突治理等角度展开分析讨论。在案例讨论时还要考虑到我国社会环境的特点，拓宽问题分析的视角与思路。

四、理论依据与分析

1. 本案例从事件预防与处理的角度出发，应重点借鉴政府危机管理、冲突治理的相关理论与方法，包括危机事件的预防与预警、群体性事件演化规律分析、群体性事件治理等内容。

2. 本案例在分析事件产生的原因时，应重点借鉴政府信任、政府信息公开和公众参与等相关理论内容与方法。

五、关键点

1. 在昆明市抵制 PX 项目事件中，政府与公众的冲突点有哪些？

2. 随着社会信息化的不断推进，应如何进一步完善政府与公众的信息沟通机制？

3. 在当前的社会背景下，政府应如何构建自身的公信力？

六、建议课堂计划

（一）案例研读（15 分钟）

教师借助多媒体，以图片、视频等形式，向学生简要介绍昆明抵制 PX 项目事件的相关资料。

（二）思考与讨论（30 分钟）

学生结合案例材料，对启发思考题以小组的形式展开分析与讨论。

（三）学生代表发言（20 分钟）

学生代表针对启发思考题发表观点，后面发言的学生可对前面同学的发言进行驳斥或补充，对案例展开充分讨论。

（四）教师总结（10 分钟）

教师点评各位学生的发言情况，针对案例问题进行简要总结，提出问题思考与分析的角度和方法。

行政法

如何理解国家行政
——关于国家为商业银行上市注资行为的讨论*

刘双舟

摘　要：为配合国有商业银行上市，2004年1月，国务院宣布动用450亿美元（相当于3 720亿元人民币）外汇储备为中国建设银行和中国银行补充资本金。经过补充之后，这两家银行的资本充足率都达到了《巴塞尔协议》关于资本充足率的要求。这一行为有别于传统的国家行政，如何认识这一行为的性质，成了经济学界和法学界热议的话题，支持者和反对者各执一词。

关键词：国家行政　商业银行　注资

引　言

《证券市场周刊》2004年1月12日载文指出，2004年将成为国有商业银行上市的关键一年。据悉，有关部门动用450亿美元外汇储备为中国建设银行和中国银行补充资本金，同时两行开始股份制改造，表明上市工作启动。正在很多人对国家为商业银行注资的行为欢欣鼓舞时，有人却对这一行为的合法性提出了质疑：行政主体动用公共资金应当经过民众的授权，在代议制民主之下，这种授权表现为法律依据，而有关部门为两行注资的行为并无任何法律依据。为

---

*　本案例由中央财经大学法学院刘双舟教授编写。

此,《新闻周刊》的记者采访了国家有关部门的负责人,该负责人如是回答:"这笔钱并非财政直接的拨款或者直接发债,这450亿美元是国家外汇储备,表现为央行资产。我觉得财政部、中国人民银行、外汇管理局三者是一致的,而中央汇金公司跟它们也是一致的,没有什么分歧。这种做法在法律上并没有障碍,与现行的中央银行和外汇储备的法律法规没有冲突。"

政府参与经济活动的法观念

"依法治国""依法行政"的口号已经提出多年,但美好的愿望往往被现实打破。不可否认,国务院决定动用外汇储备注资国有商业银行的初衷是好的,但良好的初衷并不能成为政府行为违法的借口。无独有偶,翻开我国市场经济体制改革的历史画卷:1999年国务院批准成立四大金融资产管理公司开展"债转股"业务,2001年实施的国有股减持,以及2003年9月国资委公开招聘国有公司高级管理人员等行为,都多多少少突破了当时的法律规定。本案例的写作目的并非简单地否定"外汇储备注资国有商业银行"这一改革举措,而是要通过对这一政府参与经济活动的个案的法律分析,去探求一些更深层次——政府参与经济活动的法观念问题。

在市场经济条件下,政府往往扮演着三种角色:社会经济管理者、国资总老板或抽象的所有人、国资具体老板或出资人(股东)。在三种角色设置中,担任角色的机关及其工作人员应具有可问责性,并在角色定位准确、清晰的基础上落实责任,即"角色不得错位,利益不得冲突,人人可(被)问责"[1]。这不仅是市场经济对政府提出的基本要求,也是政府在参与经济活动时所必须具备的基本法治理念。然而,政府在参与经济活动时,往往利用传统的政治思维而非法治思维去考虑问题。在政府的某些人看来,法律就是用来约束老百姓的,当政府在制定政策、实施改革方案或直接参与经济活动时,却可以超脱法律的束缚,大胆地突破法律红线。没有法律的约束,政府可以一拍脑袋、灵机一动,在既没有充分论证,又没有法律监督保障的条件下,大胆地提出方案并付诸实施。失败了不怕,不用承担责任,还可以从头再来,并为此找到了冠冕堂皇的理由——"改革也是要交学费的"。在现实生活中,土地违法主要是政府违法,却鲜有官

---

[1] 史际春.新发展观与经济法治新发展[J].法学家,2004(01).

员为此承担责任;官商勾结,打着振兴、发展经济的旗号,置国法于不顾,大肆获取非法利益。凡此种种,与法治发达国家形成鲜明对照。上行下效,政府作为"依法治国""依法行政"的主导角色尚且如此,那么民众的法治理念与法律意识又如何培养与提高呢?

  法治的实现并非只靠鼓吹、立几部法或审结几个案件,中国法治的实现是一个综合系统的工程,需要政府推进与民众法治基础培养两种途径的结合,而在这两种途径中,政府推进又占据着主导地位。① 既然法治的实现主要依赖政府的推进,那么政府就必须承担起推动中国法治建设发展的历史责任,以身作则,带头垂范,真正做到"角色不得错位,利益不得冲突,人人可(被)问责"。

  其一,角色不得错位。在市场经济与法治条件下,政府的首要角色是公共事务管理者暨社会经济管理者。承担社会经济管理职能的机关应当秉持中立与公正的立场,一视同仁地对待市场中的每一个参与者,不应有所偏袒或歧视。然而,由于行政部门有着天然的扩张倾向;最重要的是,笔者认为,也是由于我国某些政府部门固守传统计划经济理念,乐于干预,也勇于干预,却忽视市场经济与法治社会对其角色定位的要求,忽视对每个市场主体自主性与平等竞争要求的尊重。例如,中国人民银行作为国家货币政策的制定者与执行者,其职责是制定与执行货币政策,防范和化解金融风险,维护金融稳定。如果中国人民银行直接注资商业银行,关心其能否赚钱、能否上市,那么它作为一国中央银行的角色就错位了。

  其二,利益不得冲突。政府在经济活动中角色的错位必然导致利益的冲突。当中国人民银行注资国有银行"经营外汇储备"之后,其不仅使中国银行与中国建设银行的关系变成了关联企业,而且因涉及注资的收益和外汇储备的保值与增值,商业银行是否赚钱、能赚多少钱,也就自然成为中国人民银行需要关注的问题了。这就会出现中国人民银行自己监管自己、自己调控自己的利益冲突,构成了法治之大忌。

  其三,人人可(被)问责。法国的《民法典》早在二百多年前就确立了"过错责任"的基本原则。人人都要对自己的行为承担责任,政府及其工作人员也是如此。从法治的要求来看,这本不应该是一个问题,但是"过错责任"到了政府这里却打了折扣。在政府主导的市场经济体制改革的过程中,政府的地位被抬

---

① 常健,饶常林.论我国实现法治的途径[J].江海学刊,2001(01).

升到了制高点,从而使其行为往往处于监督的"真空"状态,即使被要求承担责任,其也能以"集体决定""行政特殊"等抵挡之。如此这般,没有责任与制裁的法律只能成为一纸空文。法治的精神关键在于责任。市场经济与法治的发展呼唤每一个市场经济的参与者,包括政府,守规矩、讲诚信、平等问责、平等竞争。当政府参与经济活动时,尤其是参与到经济实体法律关系中,如企业竞争、政府采购等关系中时,其与公民法人一样,应当平等地承担责任,而不能动辄就以"集体决定""行政特殊"等原由开脱。当责任到位、追究到人时,政府及其工作人员在参与经济活动时就不得不视法律为准则,不得不审视自身角色,不得不谨小慎微,最终公平地维护每个市场参与者的利益。

党的十六届三中全会《关于完善社会主义市场经济体制若干问题的决定》提出:"推进依法行政,严格按照法定权限和程序行使权力、履行职责。"依法治国,首先要依法行政;依法行政,首先要政府及其工作人员具有良好的法观念。这种良好的法观念在政府参与经济活动时尤为重要。外汇储备注资国有商业银行行为的"不法性"再次呼唤我们以"法观念优位"原则分析和检讨政府参与经济活动的行为。政府在参与经济活动时,应树立"角色不得错位、利益不得冲突、人人可(被)问责"的法观念,真正做到依法行政,这对完善我国市场经济体制和促进社会法治建设显然都是百利而无一害。

五问外汇储备注资国有商业银行[①]

国务院用外汇储备向国有商业银行注入资本金的举措,标志着我国国有商业银行的全面改革已经进入实质性攻坚阶段。此外,这也是对如何更好地运用外汇储备的一种积极探索。消息出台之后,好评如潮。但是,笔者认为可能存在以下一些问题:

第一,注资行为是否为一次性的?如果中国建设银行和中国银行在海外上市之后,在运营过程中又出现了大量呆账坏账,相应的准备金计提会影响到国际性银行的最低资本充足率要求,从而股价下挫甚至面临退市威胁的话,政府会不会再次注资?我们不能排除这种情况。如果政府提供了可能再次注资的显性或者隐性承诺的话,这会不会引发道德风险?如果注资行为是一次性的,

---

① 赵勇.五问外汇储备注资商业银行[J].经济前沿,2004(10).

我们怎么保证这次资本金的注入就能够真正促进银行经营效率的提高,从而降低不良资产比率?

第二,下一步国家是否会对中国工商银行和中国农业银行注资?毫无疑问,这次国务院首先向中国建设银行和中国银行注资的行为将会对中国工商银行和中国农业银行产生微妙的影响。虽然中国建设银行和中国银行在股改上市方面要先行一步,但是中国工商银行和中国农业银行想必也已经制订了股改上市的中长期计划。如果国务院很快将给中国工商银行和中国农业银行注资的话,注资多少是适宜的呢?如果也都在225亿美元左右,这是否有平均主义的倾向?而且四大商业银行各自的历史包袱、目前的经营业绩及财务状况均不相同,应该如何把握注入资金之间的平衡?如果国务院对于中国工商银行和中国农业银行的注资行为不会在短期内进行,或者无限期推迟的话,这是否会对国内银行业的市场结构和竞争格局产生影响?

第三,本次注资行为会不会对我国的信贷市场产生影响?规模高达3 800亿元人民币的资本金增加将会大大提高中国建设银行和中国银行的信贷扩张能力,而中国建设银行和中国银行在国内的信贷市场上又占有显著的份额,那么本次注资行为会不会带来新一轮的信贷扩张?会不会继而引起基础货币的增长、加剧通货膨胀?毕竟,当央行向银行间外汇市场收购外汇储备时已经投放了相同数额的基础货币,因此外汇储备本不应该再次流入基础货币市场。虽然国务院规定本次注入的外汇储备资金不能兑换成人民币,但是一方面银行可以发放外币贷款,另一方面通过运用一些金融工具,银行还是能够增发人民币贷款的。

第四,如何保证投入的外汇资本能够获得令人满意的收益?中央汇金投资有限公司是否已经制定了合理的银行资产增值考核指标?实际上该公司的角色与国有资产管理委员会的角色相当类似。从投入的资本份额来看,该公司应该是中国建设银行和中国银行的大股东。但是从某个方面而言,其权力束范围可能会小于国资委的权力束范围。因为国资委对于国有企业董事会和高层管理团队的任命有决定性影响,而国有商业银行领导班子仍然由中组部决定。因此,中央汇金投资有限公司是否能够真正推动国有商业银行公司治理结构的完善,从而彻底解决投资者主体缺位问题?

第五,中央汇金投资有限公司将怎样处置手中的国有商业银行股权?是长期持有还是在适当时机出售一部分股权以实现国有商业银行股权的多样化?

很多跨国机构投资者已经对参股国有商业银行表示了明显的兴趣。但是我们在这个问题上是否应该给予民间资本相同的机会？如果打算长期持有的话,等到商业银行在证券市场上市之后,中央汇金投资有限公司是否会面临特定的市场风险？那么又应该采取何种衍生工具来抵消这种风险？

以上这些问题是在注资行为刚刚宣布时提出的,相应的配套措施和条文解释还没有出台。笔者相信有关管理机构在制定此项政策之前已经考虑过这些问题,而且对这些问题也会给出明确的应对措施。我们相信,本次注资将有助于国有商业银行的改革迈上新台阶,并进一步推动我国银行业的发展。

争论引发的思考

对于类似上述的行为,行政法学界称之为经济辅导行政。这种经济辅导行政究竟属于何种性质,学界则一直存在争议。有人认为应当将其作为单独的一类行政来研究,有人则认为可以将其归类于我国行政法学上的行政给付行为。

案例使用说明

一、教学目的与用途

（一）本案例的适用课程

公共管理硕士(MPA)的"行政法"课程。

（二）本案例的教学目标

通过案例使学生理解行政与国家行政的特征,了解行政法所研究的行政的范畴,以及关于国家行政含义的不同观点。

二、启发思考题

1. 行政法研究的行政是何种行政？
2. 何谓国家行政？它具有哪些特征？
3. 政府为商业银行上市注资的行为是否属于国家行政？

三、分析思路

（一）准确理解"行政"的含义

通俗地解释,行政是组织的一种职能,指一定的社会组织基于特定的目的对一定范围内的事务进行组织、管理的活动。这种意义上的行政存在于所有社会组织之中。任何组织(含国家)要生存和发展,都必须有相应的机构和人员行使组织、管理、协调和执行的职能,即行政职能。

常见的对"行政"含义的理解主要有以下六种:

第一,外交、安全活动说。行政就是国家媾和或宣战、派遣或接受使节、维护公共安全、防御侵略的活动。由于这种观点早已不能适合社会发展的实际情况,因此对现代行政法已没有实际意义。

第二,其他权力排除说。这种观点认为,国家活动可以分为立法活动、司法活动和行政活动三部分,行政即除立法活动和司法活动之外的一切国家活动。如日本行政法学家美浓部达吉就明确指出,行政是除立法、司法以外的一切国家活动。

第三,国家目的实现说。这种观点认为行政是实现国家目的的活动。以德国行政法学者马叶尔·乃班德等人为代表,认为"行政是实现国家目的的作用",即行政可以不必依据法律,而是为实现国家的政治目的的活动。

第四,国家意志执行说。以美国学者弗兰克·J.古德诺为代表,认为"政治是民意的表现,行政是民意的实现",即制定政策是政治,执行政策是行政。这种观点把国家的活动分为两大部分:一部分是表现国家意志的活动,如制定法律和政策等;另一部分是执行国家意志的活动。行政便是执行国家意志的活动。这种观点认为,任何政体的国家都只能有两种功能,即表现国家意志和执行国家意志。前者即政治,后者即行政。

第五,国家事务管理说。这种观点认为行政就是对国家事务的管理。

第六,行政机关或行政主体职能说。行政就是国家行政主体依法对国家和社会事务进行组织和管理的活动。

(二)准确把握"行政"的分类

关于"行政"一词,虽有多种不同的解释,但若以是否把行政与国家联系起来为标准进行考察,则可以将这些形形色色的解释归纳为两大类:一是把行政看成是与国家没有必然或特定联系的日常组织和管理活动;二是把行政看成是与国家有必然或特定联系的组织和管理活动。按照第二种解释,与国家无关的一般社会组织和个人的活动不能称为行政,即使是它们的组织和管理活动也不能称为行政。行政法上的行政,通俗地讲就是国家行政主体对国家事务和社会事务以决策、组织、管理和调控等特定手段发生作用的活动。

从不同的角度和标准出发,大致可对行政做出如下分类:

第一,根据行政本身所要达到的目的不同,可分为规制行政与给付行政。规制行政是指以限制规范个人、组织的权利和自由的方式达到行政目的的行政活动,如交通规制;给付行政是指政府通过给予个人、组织利益和便利等方式达到行政目的的活动,例如政府提供社会福利。给付行政又称"服务行政"。

第二,根据行政的方式或者手段的不同,可分为权力行政与非权力行政。权力行政多以强制实现的面目出现,由行政主体的单方面意思决定表现出来,比如各种行政处理行为。而非权力行政则是以非强制手段或者行政主体与相对人双方合意的形式来表现。如规制行政多以权力方式实施,而给付行政则经常表现为非权力方式。

第三,依据行政主体和范围的不同,可以分为内部行政和外部行政。内部行政是存在于行政机关之间或行政机关与其工作人员之间的行政,而外部行政则发生于行政机关与公民、法人和其他组织之间。

四、理论依据与分析

本案例的理论依据主要为国家行政的相关概念。具体来说,正确理解国家行政需要注意以下几个方面:

首先,行政是国家行政主体的活动。行政主体简而言之就是,能依法代表国家,以自己的名义享有并行使行政职权,具有国家行政管理职能的机关或组织。

其次,行政是行政主体的特定活动。行政是行政主体的部分活动,而不是其一切活动。它是行政主体以特定手段对国家事务和社会事务发生作用的特定活动,即行政主体对国家事务和社会事务进行决策、组织、管理和调控等活动。

最后,行政是行政主体对国家事务和社会事务进行决策、组织、管理和调控等活动的总称。行政主体对国家事务和社会事务发生的作用是通过决策、组织、管理和调控等手段来实现的,这些手段随着社会的发展和国家行政工作的实际需要,会有所增减,但在某一发展阶段,这些手段却是特定的,通常由国家法律明文规定。

五、关键点

本案例的关键点为准确把握国家行政的特征。具体来说,国家行政应具有

四个方面的特征:

第一,行政具有国家意志性。行政不是一般社会组织的活动,不是个人的活动,也不是行政主体的民事性活动,而是行政主体以国家的名义对国家事务和社会事务进行的决策、组织、管理和调控等活动,具有体现和实现国家意志的特性。

第二,行政具有执行性。行政并不是国家的一切活动,也不是行政主体的一切活动,而是行政主体实施的国家活动。这种活动从总体上讲,是把国家立法机关依照人民意志制定的法律、法规付诸实施,予以执行。

第三,行政具有法律性。在现代国家,法治原则已成为国家制度的基本原则。这一原则反映在行政领域,就要求行政主体必须依法行政。依法行政是现代行政法的原则和核心,它要求一切行政都应当遵循法律所规定的条件、程序、方式和形式而进行,凡违法行政都应当受到相应的追究,承担相应的法律责任。行政应当受法律约束,不得超越法律。应当合法进行的这种属性,就是行政的法律性。

第四,行政具有国家强制性。既然行政是国家的活动,体现和实现国家意志,那么它的实施也就必然要以国家政权的强制力为后盾。对于行政主体的行政活动,相对人有服从、接受和协助的义务。相对人若不依法履行义务,行政主体则可借助法律手段强制相对人服从和履行行政决定。这种强制是以军队、警察、监狱和法庭等为最终保障的,尽管随着社会的发展和文明程度的提高,行政的强制性会逐渐减弱,但是这种强制性却始终与行政相伴随,行政不能完全靠人们的自觉而实现。

六、建议课堂计划

(一)问题引入(20分钟)

教师介绍案例及围绕案例讨论出现的不同观点。

(二)设问并讨论(40分钟)

给出思考问题,并由全体 MPA 学员思考和讨论。

(三)点评及引导(40分钟)

讲解行政法关于国家行政的特征并引导学员进一步讨论。

(四)案例总结(20分钟)

公共经济

民营医疗器械企业如何应对外企竞争?*

邢 华 魏仁科

摘 要：本案例描述了我国医疗器械行业的发展现状、市场需求以及民营医疗器械企业的生存现状，列举了民营医疗器械企业在日益激烈的市场竞争压力下所采取的措施，分析了各企业采取应对措施的原因，并据此对民营医疗器械企业和相关部门提出相应的意见和建议。

关键词：医疗器械行业 政府采购 市场竞争

随着党和国家对医疗卫生和民生工作的愈加重视，以及国内需求的不断增加，我国医疗器械的市场不断扩大。民营医疗器械企业如雨后春笋般迅速崛起，外资医疗设备企业在欧美遇冷，势必要把握我国这个庞大的市场。同样的政策环境下，面对国内外激烈又残酷的竞争，民营医疗器械企业百招齐出，力争在竞争中立于不败之地。有的企业抓住要害，提升自身核心竞争力；有的企业则祭出偏方，甚至铤而走险。本案例将从这里入手进行分析，并提出相应的应对措施。

民营医疗器械企业现状

比照国际医疗器械市场，我国医疗器械产业还存在巨大的发展空间。在发

---

* 本案例由中央财经大学政府管理学院邢华教授和中央财经大学政府管理学院硕士研究生魏仁科共同编写。

达国家,与医疗产业相关的产值占 GDP 的 8%～15%,而我国这一数值不到 2%;医疗器械在全球医药市场的份额方面,欧美日等发达国家达 72%,我国民族企业产品仅占 3%。

根据国家食品药品监督管理总局的统计,截至 2016 年年底,我国医疗器械生产企业已达 15 343 家,这些企业中 90% 以上的规模在 2 000 万元以下,年产值过亿的企业仅 300～400 家,行业集中度较低。我国医疗器械行业仍以中低端产品为主,高端医疗器械市场仅占比 25% 左右,且该市场的绝大部分都被国外厂商把持。

根据《中国医疗器械行业发展报告(2017)》,我国医疗器械行业市场规模保持快速增长,2011—2017 年的复合年均增长率超过 18%,未来医疗行业有广阔的市场空间。从品类上看,超声波检测仪器市场,磁共振设备、心电图机市场,中高档监视仪市场,高档生理记录仪市场已被美国通用电气公司、荷兰飞利浦公司、日本东芝集团、德国西门子公司等跨国公司垄断,而我国民族企业产品主要集中在按摩器具、血压测量仪器等低附加值的品类上。在我国医疗改革的背景下,民营医疗器械公司一方面要抵御来自外资医疗器械公司的冲击,另一方面要应对来自医疗改革政策的风险,这导致近 80% 的中国民营医疗器械公司的平均寿命不足 5 年。

科技部高新司司长李健告诉记者,经过多年努力,我国已突破了一批数字化医疗设备的关键核心技术,并初步实现了产业化。例如,沈阳东软公司的 CT 扫描机在国内市场的占有率仅次于美国通用电气公司,并已通过严格的欧洲 CE 认证和美国 FDA 认证;深圳安科公司生产的磁共振成像装置已占国内市场保有量的 20% 左右;重庆海扶公司开发的高强度聚集超声肿瘤治疗设备不仅进入国内二十多家大医院,而且出口到英国;浙大网新公司开发的动态心电记录仪已在北京两家大医院试用。这些产品的性能有的已达到或接近国际水平,有的处于国际领先水平,在一些医院应用中备受好评。

专家客观评价说,我国的数字化医疗设备在科研上,尤其是主要用于医学研究的高端产品与国际水平尚有一定的差距,但现有产品已完全能够满足人们医疗的需求。此外,国产设备的一个优势在于,由于其更多地聚焦于对中国人个体的研究,因此软件设计和应用更中国化,可以弥补硬件的某些不足。

然而,技术难关已经突破,市场推广之难却令开发商始料未及。科技部的一份报告显示,国内医疗设备市场基本为跨国公司所占据。2009 年,我国医疗设备与器械进口额比上年增长44.34%,相当大一部分为数字化医疗设备。其中,CT扫描机进口755台,同比增长27.8%;磁共振成像装置进口171台,同比增长84.84%。另一个特别值得关注的现象是,一些具有一定生产和科研水平的中国企业已成为国际大公司的并购对象。如在磁共振领域小有名气的深圳迈迪特仪器有限公司也于2010年被西门子公司兼并。

民营医疗器械企业在招标采购中失利

重庆互诚医疗器械有限公司成立于1998年,主要致力于医疗设备和耗材的代理及销售,是重庆地区较为有名的民营医疗器械企业。2012年上半年,重庆市中医院向全社会发出了医疗设备采购的招标公告,计划采购微创治疗系统、超声刀系统、乳腺B超、全自动过敏源检测仪、全自动细菌培养系统各一套。曾经与该医院有过合作的重庆互诚医疗器械有限公司参与了竞标,与外资企业相比,该公司的产品价格低廉,其产品质量也是重庆市中医院所认可的,但最终,重庆互诚医疗器械有限公司却在竞标中输给了某外资公司。

事实上,民营医疗器械企业在招标采购中经常处于不利地位。根据中部地区某地级市三甲医院2011年度设备采购清单(见附录)可以看出,全年度本部医院采购34种设备,总价值1690万元,其中进口设备产品共26种,价值1478万元,占全年度采购额的87.5%;国产设备8种,价值212万元,占全年度采购额的12.5%。

民营医疗器械企业在技术过关、拥有价格优势、其软件更中国化的前提下,市场占有率仍远远低于外资企业,主要原因如下:

首先是政府相关政策不到位。虽然我国已能够批量生产性能可以满足要求的CT扫描机和磁共振成像装置,但进口产品已先行占领了市场,如果不借助政府采购政策很难收复失地。另外,政府的金融、税收政策也不到位。

一般来说,国内医院要一次性拿出数百万元购买大型医疗设备是有困难的,但如果购买进口设备往往可以拿到出口国的买方信贷,而国产设备的买方信贷则没有保证。另外,1995年税制改革后,在高新技术企业产品的成本构成中,研发成本占比较高,材料成本比重偏低;企业纳税时,材料成本的进项较少,使企业税负率较高,这跟改革之前实行的5%的产品税率相比,无疑加重了企业的负担。

其次是技术标准门槛太低,对进口设备几乎是不设防。截至2017年6月,我国现行有效医疗器械标准共计1 515项,其中国家标准222项,行业标准1 293项。但是在2010年我国在医疗器械领域仅有89项国家标准和471项行业标准,其中等同或等效采用国际先进标准的只有109项,仅为标准总数的1/5,且在这些标准中,绝大多数是常规医疗器械标准。由于技术标准落后,就贸易技术壁垒而言,在数字化医疗设备领域,我国几乎处于不设防状态,从而使国外产品甚至二手设备可以长驱直入。相比之下,美国、日本及欧洲主要国家分别建立了自己的标准和认证体系,相关进口产品的论证历时1～2年,这客观上延缓了国外产品进入其国内市场的速度。

最后是医疗设备使用收费标准不合理。国内大部分医疗机构执行的是同质不同价的双重标准,使用国外仪器所收取的费用是同类型国产仪器的1.5～2倍,导致医院不愿购买国产设备。

此外,一些地方的民营或合资医疗机构采购大型医疗设备的申请,往往被有关部门以公立医院已配置该类大型器械、避免重复购置为由拒绝,进一步制约了国产大型医疗设备的销售。实际上,现代医学对疾病的预防和治疗在很大程度上会依赖于先进医疗设备的诊断结果。发达国家的医疗设备与器械产业同制药业的产值大体相当。而在我国,前者的产值只是后者的1/5,这种比例的严重失调意味着医疗设备与器械产业在我国还有巨大的发展空间。

民营医疗器械企业各出奇招应对外企竞争

一、走国际合作道路

2012年4月25日,理邦精密仪器股份有限公司(以下简称"理邦仪器")成为美国库柏公司高频LEEP电刀系统独家总代理。美国库柏公司是专注于妇女健康领域的高科技企业,同时也是现代LEEP技术和高频LEEP电刀的发明者。其生产的产品在欧美等发达国家具有领先的市场地位。

理邦仪器是集医疗电子设备产品的研发、生产、销售、服务于一体的国家高新技术企业,主要产品涵盖产科、心电、监护、超声影像、检验五大领域一百多种型号,已成为国内领先并在全球持续快速成长的医疗电子设备供应商。产品不仅覆盖了国内2 000多个县市、480余家三级以上综合医院,而且实现了全球120多个国家和地区的渠道建设,初步实现了理邦仪器全球化的战略目标,在国内外客户、经销商中树立了良好的品牌形象。

取得独家代理权增加了理邦仪器在妇产科领域的产品线品种,有助于其市场效率及市场形象的提升。代理该产品则将进一步提升理邦仪器在妇产科领域的市场地位,帮助其成为国内第一家提供完整妇产科解决方案的企业。

二、挂靠企业集团

2012年2月22日,一项工商法人营业执照的公司名称变更的登记工作完成,"北京万东医疗装备股份有限公司"正式更名为"华润万东医疗装备股份有限公司",公司英文名称由"Beijing Wandong Medical Equipment Co., Ltd."变更为"China Resources Wandong Medical Equipment Co., Ltd.",公司证券市场股票简称由"万东医疗"变更为"华润万东"。

华润万东医疗装备股份有限公司(以下简称"华润万东"),于1997年5月在上海证券交易所上市。公司总部暨研发中心位于北京市中关村科技园电子城园区,在南京、重庆、杭州、西安、南昌、福州、武汉、济南等地设有分公司及办事处,营销及服务网络覆盖全国及世界50多个国家和地区,是国际知名、国内领先的医疗影像设备供应商。公司占地面积10余万平方米,现有员工1 000余人,具备年产6 000套以上X射线设备的生产能力,是世界上最大的放射影像设备制造商之一。公司生产的"万东"品牌医学影像诊疗产品被评为"北京市名牌产品",涵盖医用X射线诊断设备、磁共振成像设备领域内的多个门类。

作为华润北药旗下唯一的医疗器械上市公司,华润万东有望成为华润集团的医疗器械资源整合平台。在公司名称中使用"华润"字号,有利于借助华润的社会美誉度、公众认知度和品牌影响力及其在国内市场的医疗产业资源,提升公司的市场地位及形象,促进公司事业的更大发展。

三、为竞争铤而走险

2010年12月13日,浙江省乐清市检察院以涉嫌单位行贿罪对被告单位杭州万太医疗设备有限公司(以下简称"万太公司")及被告人金建英、仲亮依法提起公诉。为了生存,万太公司于2007—2009年向温州4家医院检验科主任、科长共行贿31万余元。行贿主要形式为回扣和送礼。受贿方则将万太公司所代理仪器的技术参数标准作为依据,定性、定量地写在招标文件上。这样一来,招标文件几乎是为万太公司量身定做的,很大程度上削弱了其他公司产品的竞争力。

万太公司成立于1998年,位于杭州市高新技术开发区,是一家为医院实验室提供世界高科技产品及专业技术服务的高新企业。

2012年9月18日,深圳市盐田区人民法院开庭审理原深圳市龙岗区横岗人民医院院长孔德奇受贿一案。根据深圳市检察院提供的资料,1999年至2012年,孔德奇在担任深圳市龙岗区大鹏人民医院院长、龙岗区平湖人民医院、龙岗区横岗人民医院院长期间,利用医院工程、药品采购、医疗设备采购和人事任用等机会,收受贿赂324.2万元,其中的"大头"来自医疗设备采购期间的商业贿赂。

为了能在激烈的竞争中取胜,民营医疗器械企业可谓费尽心思,甚至违反法律法规,铤而走险,最终葬送了企业和个人的前途。

政策建议

民营医疗器械企业在国内市场中处于明显的劣势,而其原因又并非完全在于民营企业的技术实力不过关,因此上述企业才会剑走偏锋,祭出偏方来治理顽疾。但这显然不是解决问题的根本办法。笔者据此提出了以下政策建议。

一是革新技术,一如既往地提升自身实力。虽说部分企业能达到国际较为先进的水平,但我国医疗器械整体技术与国外领先水平的差距仍然较大,而在一些高端产品领域,外资企业依然处于绝对的垄断地位。因此,国内企业要主动学习国外先进技术并根据自身情况进行研发,力争在技术领域处于领先地位。

二是完善相关政策法规。外资企业在国内基本得到了国民待遇,但是其器械的使用费用却远远高于民营企业产品的费用,这是不合理的。为此需要修改不合理的大型医疗设备使用收费标准,实行国产设备与进口设备使用收费的同质同价。

三是要扭转过去对数字化医疗设备重视不够的状况,将数字化医疗设备产业纳入国家重点发展的高新技术产业,并给予相应的支持。在国家有关科技与医疗卫生计划中安排一些项目与经费,支持其产业化。

四是加快建立我国的数字化医疗设备技术标准体系。在积极采用国际标准的同时,还可以从中国国情出发,在世界贸易组织规则框架内形成自己的技术壁垒。同时建立以行业管理为基础的进口产品监管体系,对进口产品注册实行国民待遇,即与国内产品履行相同的审查注册手续和程序,必须符合国家强制性标准。

五是对国产数字化医疗设备实行政府采购。要将国内能生产且满足要求的数字化医疗设备纳入政府采购目录,今后各级医疗机构凡使用财政性资金添置相关设备,必须优先购买国产合格产品。

六是为购置国产高档大型数字化医疗设备提供买方信贷。银行应设立专门的买方信贷,这样既有利于国产设备和进口设备进行公平竞争,又能解医院的燃眉之急,还能盘活银行资金,实现多赢。

七是加强数字化医疗设备产业人才的培养。加强医学与其他学科特别是工程技术的融合,尽快开设数字化医疗设备专业,培养既懂医学又懂机械电子的复合型人才。

随着我国生产力的发展,以及人们生活水平的不断提高,人们对生活质量的要求也在提高,国内对相关医疗器械的需求量会随之激增,完善相关政策法规,规范行业准则,合法、合理保护民营医疗器械企业刻不容缓。

案例使用说明

一、教学目的与用途

(一)本案例的适用课程

主要适用于"社会主义经济理论"课程。

(二)本案例的教学对象

公共管理硕士(MPA)。

(三)本案例的教学目标

一方面是让学员了解当前我国民营医疗器械企业的生存现状,以及在面对来自外贸医疗器械企业的竞争压力时所采取的应对措施;二是通过对不同民营医疗器械企业采取的不同做法及不同结果的分析,探讨造成当前我国民营医疗企业现状的多方面因素,并提出相应的政策建议。

二、启发思考题

1. 请分析我国民营医疗器械企业的现状。

2. 你认为造成我国民营医疗器械企业现状的原因有哪些？

3. 如果你是民营医疗器械企业厂商，面对来自外贸医疗器械企业的巨大压力，应如何改变现状？如果你是相关政策制定者，又该如何做？

三、分析思路

本案例涉及我国弱势企业如何发展及相关产业政策如何配套这一重要的课题。凡是涉及政策建议问题，首先都要从现状及其影响因素入手，"对症下药"才能"药到病除"，学员需要根据案例材料及自身的知识储备，仔细分析各方面的影响因素，找准"病因"并给出相应的建议。在讨论分享过程中，教师不做强行规定，只做适当引导。

四、理论依据与分析

本案例中涉及的理论依据主要集中在产业发展方面。相关理论基础在"社会主义经济理论"课堂上已经做了详细介绍，本案例主要探讨的是，在面临国外优秀企业进入国内市场的情况下，如何制定合法、合理的政策来保护国内弱势产业，尤其是民营中小企业的发展，并促使其在竞争压力下更好、更快地发展和壮大。我国民营医疗器械企业先天不足，在与国外优秀医疗器械企业的竞争中明显处于劣势，要扭转这一境况，一味地保护并不是长久之计，利用技术革新等手段不断提升自身的竞争力才是关键所在。

五、关键点

1. 本案例中民营医疗器械企业在面临竞争时各采取了怎样的措施，其中哪些可取，哪些不可取？其依据分别是什么？

2. 我国目前在保护弱势产业发展方面的政策有哪些？这些政策发挥了怎样的作用？

3. 我国现行的相关产业政策有无不足之处？改进的关键点是什么？

六、建议课堂计划

（一）全班集中，案例导入（10分钟）

请两位学员用简单的几句话概括案例主要内容，教师点评并导入案例。

（二）现状概括，原因分析（15分钟）

根据案例材料概括民营医疗器械企业所处的现状，以及它们在面对外来竞争的情况下所采取应对措施的原因。

(三)分组、分角色研讨,案例展开(25分钟)

根据对案例的阅读和理解,按照"民营医疗器械企业""政策制定者""进入中国市场的国外医疗器械企业"三方对学员进行分组。三组学员各有15分钟的时间研讨各自扮演角色需要解决的问题,最终汇总组内成员的观点,派一名代表陈述本组观点。发言按照"民营医疗器械企业""政策制定者""外国医疗器械企业"的顺序。

(四)根据发言,案例深入(30分钟)

根据步骤(三)的三组发言,把讨论引向深入。各组可提出其他两组观点中哪些可取、哪些不妥,并展开辩论。

(五)教师点评小结(10分钟)

附 录

中部地区某地级市三甲医院 2011 年度院本部设备采购清单

时间:20110408　　　　　　　　　　　　　　　　　制表:设备部

科室	仪器名称	国产/进口	数量	价格(万元)	论证情况
干部病房	睡眠呼吸监测仪	进口	2套	90	现有设备不能满足需要
胸外科	多参数监护仪	进口	2台	18	医院常规设备
眼科	眼前段YAG激光治疗仪	进口	1台	28	三甲医院必备设备
眼科	电脑验光仪	进口	1台	16	眼科常规设备
耳鼻喉科	脑干诱发电位仪	进口	1台	35	五官科必备设备
耳鼻喉科	低温射频消融治疗仪	进口	1台	30	五官科必备设备,三甲医院必备设备
泌尿外科	体外振波碎石机	国产	1台	80	三甲医院必备设备,原有老化 省市共建设备
烧伤科	电动去皮刀	进口	1台	20	烧伤科必备设备
疼痛科	全自动温热间歇牵引系统	进口	1台	25	疼痛科常规设备

(续表)

科室	仪器名称	国产/进口	数量	价格（万元）	论证情况
肾内科	血液透析机	进口	9台	200	三甲医院必备设备，现有设备不能满足
	水处理机	进口	1台	60	
心内科	运动平板	进口	1台	30	三甲医院必备设备，省市共建设备
肿瘤科	剂量验证仪	进口	1台	70	直线加速器必备辅助设备
神经内科二	电子生物反馈仪	国产	1台	20	开展新技术
消化科	胶囊内镜	国产	1台	45	提高对小肠疾病的诊断水平
内分泌科	胰岛素泵	进口	2台	14	内分泌科常规设备
	糖尿病并发症检查箱	国产	1台	6	
	数字震动感觉阈值检查仪（系统版）	国产	1台	6	
麻醉科	麻醉机	进口	1台	30	原有老化，需更新
放射介入科	双板数字化医用X线摄影系统	进口	1台	300	现有设备不能满足临床需要
病理科	生物安全柜（要有专业排风设备、洗眼设备等）	国产	1台	15	病理科常规设备
体检科	人体成分分析仪	进口	1台	11	体检科设备
	动脉检测仪	进口	1台	25	体检科设备
	弹性成像仪	进口	1台	70	体检中心常规设备
内镜科	电子支气管镜	进口	2条	100	三甲医院必备设备
	主机	进口	1套		
	氩气刀	进口	1套		
检验科	血液分析流水线	进口	1台	150	开展新技术
	毛细管内高压液用电泳	进口	1台	80	旧设备于2004年购进，已老化
	骨髓图像分析系统	国产	1台	20	三甲医院必备设备，规范报告
	类毒素测定分析仪	国产	1台	20	医院感染要求必备

(续表)

科室	仪器名称	国产/进口	数量	价格（万元）	论证情况
神经外科	脑室镜	进口	1台	48	神经外科常规设备，三甲医院必备设备
	便携式B超机	进口	1台	20	原有设备老化
	除颤仪	进口	1台	8	三甲医院必备设备
总计				1 690	

S市农村基层医疗卫生服务体系建设执行调查[*]

陈 华 刘庆乐

摘 要：农村基层医疗卫生工作是我国医疗卫生工作的难点和重点，农村乡镇卫生院及村卫生室是实现农村基层各项卫生工作的关键所在，它承担着医疗、防疫、保健等方面的工作。农村乡镇卫生院及村卫生室的机构设置、人员配置及综合管理，在一定程度上反映了农村基层医疗卫生服务的综合实力，同时也是农村基层卫生院生存和发展的重要影响因素。本案例以S市为例，利用抽样调查的100户农村居民和24家乡村医疗卫生服务机构的数据，分析当前农村基层医疗卫生工作的现状，了解被调查农民及基层医疗卫生从业人员对于当前农村基层医疗卫生工作的看法和建议，并对目前存在的问题进行梳理和归纳，针对共性问题提出了如下建议：建立和完善农村卫生投入机制，整合医疗卫生资源，引入医疗机构竞争机制，扩大基本药物目录范围，加强药品市场监管，培养农村医疗职业技术人才，提高农村基层医务人员待遇等。

关键词：农村基层医疗　卫生服务体系建设　执行调查

S市农村基层医疗卫生服务体系概况

S市位于我国豫、鲁、苏、皖四省结合部，辖6县3区，户籍人口743万

---

[*] 本案例由中央财经大学政府管理学院MPA学员陈华和中央财经大学政府管理学院副教授刘庆乐共同编写。

(《2013年河南统计年鉴》),全市145个乡镇。截至2013年年底,S市共有农村基层服务机构4 570个,其中:乡镇卫生院有161个,村卫生室有4 409个。基层卫生服务机构共有卫生技术服务人员17 730人,其中:乡镇卫生院有7 805人,村卫生室有9 225人。S市共有农村人口621.9万人,2014年度全市参合农民617.18万人,参合率达99.24%。

农村基层医疗卫生服务体系调查情况

一、医疗机构调查情况

1. 机构规模情况

24家被调查医疗卫生机构占地面积合计76 993平方米,其中:9家乡镇卫生院的占地面积为70 553平方米,6家在5 000平方米以上,占总数的2/3;15家村卫生室占地面积6 440平方米,有13家的占地面积都在500平方米以下。24家被调查机构共有医护人员345人,其中9家乡镇卫生院共有319人,15家村级卫生室共有26人;乡镇卫生院床位总数为384张,村级卫生室床位数为69张,合计床位数453张。由此可以看出,由于服务人群的覆盖范围和医院等级有所差别,乡镇卫生院和村级卫生室的规模差异较大。

2. 医疗设备配备情况

乡镇卫生院都能够提供基本的拍片、验血、B超、测血压服务,而村级卫生室除一家能够提供B超服务外,其他只能提供测血压服务,没有村级卫生室能够提供拍片和验血服务。有62.5%的医务人员认为目前医疗设备勉强可以配合工作,有37.5%的人认为不能配合工作,没有人认为完全可以配合工作。

3. 药物供给及价格情况

在所有被调查对象中,认为农村基层医疗机构药物供给齐全的占33.3%,认为供给不齐全的占66.7%;有25%的认为医疗机构药价比药店高,29.2%的认为比药店低,45.8%的认为基本持平。

4. 政府对农村医疗机构的治理情况

在所有被调查对象中,认为政府对于农村卫生服务的治理很重视的占37.5%,认为重视程度一般的占50%,认为不重视的只有12.5%,这说明大家对于政府在农村医疗卫生方面的重视程度还是认可的。

5. 工资制度满意情况

对于医疗工作者最为关心的工资制度,被调查对象认为满意的占 16.7%,认为一般的占 45.8%,认为不满意的占 37.5%。

二、农村居民调查情况

1. 被调查对象基本情况

按照性别比例分,男性占 53%,女性占 47%;按年龄构成分,18～30 岁(含 30 岁)占 29%,30～50 岁(含 50 岁)占 39%,50 岁以上占 32%;按照文化程度分,初中文化水平及以下占 54%,高中文化水平或中专文化水平的占 41%,大专文化水平以上的占 5%。

2. 就医地点选择情况

对于就医地点的选择,被调查对象中有 64% 的人选择在村卫生室或者乡镇卫生院,35% 的人选择视病情而定,1% 的人选择在家用偏方;如果在村卫生室无法治疗,30% 的人选择去乡镇卫生院,70% 的人选择去县市级医院。被调查对象选择就诊地点的重要因素依次为病情程度、医疗技术水平、费用高低、距家远近。

3. 服务和收费满意度情况

对农村医疗机构的服务和收费,被调查对象中有 40% 的人认为满意,45% 认为一般,15% 认为不满意;对县级医疗机构的服务和收费,24% 的人认为满意,47% 认为一般,29% 认为不满意。

4. 医疗卫生资源情况

对于政府现阶段医疗卫生的投入能否满足居民需求,认为能满足的被调查对象只占 10%,认为一般的占 26%,认为不能满足的占 34%,不了解的占 30%。农村医疗卫生资源不足主要表现在医疗水平低、设备少、条件差、缺医少药等方面。

农村基层医疗卫生服务体系存在的问题

一、农村医疗机构经费需求尚有缺口

2009 年医药卫生体制改革(以下简称"医改")后,所有公办基层医疗卫生

机构均实行基本药物和补充药品零差价销售,收入受到一定的限制,主要依靠上级财政拨款。按照规定,基层医疗卫生机构应有三块收入:一是人员工资,二是基本药物补助,三是公共卫生服务费。由于种种原因,前两项收入没有完全到位,只有第三项到了。以Y县为例:按每人每年35元的标准给乡级卫生院,其中有10元是给村卫生室的,因此乡医院实际只得到人头费25元。这部分经费要维持农村两级医疗机构的运转,工资和办公费支出都来自这部分钱。据Y县L乡镇卫生院的负责人介绍说,该院现有人员83人,每年的工资和正常费用开支在200万元左右,而实际可支配经费只有128万元(L乡人口数量为5.12万人),仍有36%的经费缺口尚待填补。

二、农村医疗机构基础设施还需完善

农村医疗卫生机构存在设施落后、配套相对简单、环境简陋的现实问题。乡级医疗机构的问题主要表现为床位少、医疗设施落后。比如:彩超还未普及,仍沿用黑白B超;血液检验缺少生物分化仪等。村级医疗设施也仅有常见的血压计、听诊器、体温计和注射器等,药品不多不全,诊所条件落后,有些村子连基本的医疗卫生设施都不具备。M县B镇Z村的医生说:"特别是在晚上接诊的病号,一般都比较急,做一些相应的应急检查很重要。像听诊器、紫外线灯、氧气袋等应急设施本应该配套齐全,但我们没有。"

三、农村医疗机构留住人才的能力有限

精湛的医术、宝贵的治疗经验是一个医疗机构的立院之本。培养人才并留住人才对农村医疗服务体系的建设尤为重要。从调查的情况来看,在职的农村医务人员没有固定工资,由于村卫生室实行了药品零利润,农村医务人员的收入主要体现在基本药物补助、一般诊疗费、公共卫生服务经费三个方面。农村医务人员65岁退休后,每月可领取300元的补贴。我们也就农村医务人员的预期工资待遇进行了询问,结果表明其期望薪资为乡级医生退休后实领工资的80%左右。由于农村医务人员待遇偏低,工作环境较差,因此留住人才的办法有限。

四、农村医务人员工作热情有待提高

医改前乡级医务人员挣的是效益工资,为了生存,"抢"病人的现象屡见不鲜。新医改方案的出台导致"干多干少一个样,干与不干一个样",再加上医疗本身的风险,原来的"抢"病人变成了"躲"病人,医务人员的工作积极性大打折

扣。N县S镇Z村卫生室的赵医生说:"虽然我干了十几年医生,但面对越来越复杂的医患关系,村卫生室承担的医疗责任越来越大,一旦遇到医疗纠纷,用句不客气的话说,就是家破人亡,并且收入微薄,甚至赶不上抢瓦刀的、掂大泥的,实在没有干劲。"

五、农村医疗机构药品配发尚需完备

药品配发不完备主要表现在两个方面:一是基本药物中低配药,如磷霉素针剂、头孢曲松针剂等配发不全。这些低配药由于价格低(利润少),配发企业采购不积极,经常出现配送不及时、断货的现象。二是有些药物医生使用起来顺手,并且价格合理、效果良好,如小诺霉素针剂、维生素K3针剂等,但是这些药物却不在基本药物目录中。另外,孕妇、产妇、婴儿需要的中成药也相对欠缺。在这次调查中,M县Y乡镇卫生院的副院长就提道:"在孕妇、产妇发烧过程中,可以选择的退烧药物极少,只有安乃近这种药,但这种退烧药对孕妇、产妇都有影响,对母乳喂养也有副作用。"

促进农村基层医疗卫生服务体系的对策建议

根据问卷调查结果,农村居民就解决农村医疗问题提出了诸多建议,比如:多分配些优秀的医生到各个乡镇;加大对乡镇卫生院的管理力度;增加基本的医疗器械;降低农村药品价格,使城乡药品同价;建立健全医疗制度体系,等等。

一、加大农村卫生投入力度

从调查情况来看,农村医疗机构环境简陋、设施陈旧。政府应加强对农村医疗卫生服务和卫生防疫体系的建设,保障好的医疗环境;加强对乡镇卫生院和村卫生站基本设施的改造,添置基本医疗设备,改善农民就医的基础条件。不仅要从量上投入,更要注重投入结构的优化,提高投入效果。逐步健全以县级医院为龙头、乡镇卫生院(社区卫生服务中心)为骨干、村卫生室为基础的农村医疗卫生服务网络。乡镇卫生院应以公共卫生服务为主,以乡镇全体居民为服务对象,综合提供预防、保健等公共卫生服务和一般常见病、地方病、多发病的基本医疗服务。村卫生室应承担起卫生行政部门赋予的预防保健任务,提供常见伤、病的初级诊治。居民能自愿选择医疗服务点,长期定点就医,最终形成"基层首诊、梯度就诊、双向转诊"的医疗服务新格局。总之,重视基层医疗机构

的硬件建设,提高医疗服务水平,改进医院的服务环境,做到"小病不出村,大病不出乡,重大疾病不出县",使农村居民在家门口即可享受到优质实惠的医疗服务。

二、整合医疗卫生资源,进行一体化建设

为了使多数农民在家门口就能享受到优质、实惠的医疗服务,消除看病宁愿舍近求远的现象,最大限度地让农民享受到新农合带来的好处,应当整合农村已有的卫生资源,加强上下级医疗机构之间的资源交流。具体措施包括:①上级医疗机构定期派出专家和技术骨干深入基层,加大对农村基层医疗机构的人才扶持力度,支援农村卫生工作。②构建信息交流平台,实现资源共享;整合城乡医疗卫生资源,完善农村三级医疗服务网络。③实施区域卫生规划,优化资源配置;加强全行业管理,明确三级卫生服务网络各自的功能定位,发挥农村卫生网络的整体功能。④进一步推进农村卫生服务管理一体化进程,鼓励县、乡、村卫生机构开展纵向业务合作,提高农村卫生机构的整体服务功能,防止医疗资源分配不均的状况。⑤通过实行一体化建设,按照自愿组合的原则,进行农村基层医疗机构的改建与重组,将水平较低的村卫生站整合成一体化村中心卫生站,纳入乡村一体化管理,进行标准化建设。

三、引入医疗机构竞争机制

要平衡农村卫生供求关系,必须按供求规律建立以需求为导向的竞争机制,使参保农民有多项选择,注重发挥公立和民办卫生机构的积极性。合理配置合作医疗机构,打破合作医疗机构之间的地域限制,保证农民可以在任何合作医疗定点机构就医,实现合作医疗机构内部的竞争优化。一切以方便农民就诊,提供及时、安全、有效、廉价的卫生服务为目标,充分体现"以人为本"的理念。卫生系统尤其是定点医疗机构是否规范运作、是否履行职责直接关系到合作医疗的成败。为此,医疗机构要切实改善服务方式,尽量为农民提供人性化的服务,简化农民就医手续,想方设法地为农民节约资金。比如:对参保急诊病人提供救护车费减免;可以定期派医务人员进村入户,为参加合作医疗的病人进行巡诊;对于相对偏远的地区,则设立合作医疗报销点,每月定时定点下乡为住院患者办理一次报销。

四、扩大基本药物目录范围,加强药品市场监管

医改后国家建立了国家基本药物制度,对药品进行统一配送,零差价销售,为此而配套出台了《国家基本药物目录(基层医疗卫生机构配备使用部分)》,

但新农合药品报销种类较以前有所减少。为此,应扩大基本药物目录范围,将一些经济有效、适合老百姓消费的常用药纳入基本药物范围,扩大新农合报销医药种类,如小诺霉素针剂、维生素K3针剂等,使药品满足人们的就医需求,使农民得到更大的实惠,并加强对药品市场的监管,杜绝假冒伪劣药品流入市场。

五、培养农村医疗职业技术人才

完善基层基本医疗卫生服务网络的关键在于人才队伍建设。从当前情况来看,S市的医疗资源呈倒三角分布,这个问题同样体现在医务人员的队伍建设上。农村的医疗队伍主要以农村医生为主,缺乏新鲜血液的注入。当前,许多高校医学专业的毕业生宁可从事与专业不相关的工作也不愿意到农村提供医疗服务。基层缺医现象十分普通,尤其是偏远农村这一问题较为突出。因此,加强乡镇卫生院功能建设,必须以医疗卫生人员能力建设为核心,这样才能从根本上解决乡镇卫生院发展的问题。具体包括:①大力培养能够适应新形势的职业技术人才,提高基本医疗卫生服务能力;②建立逐级进修学习制度,乡镇卫生院每年安排一定数量的卫生专业技术人员到上级医疗卫生机构进行临床进修和短期培训,有计划地选派中心卫生院业务骨干到市级培训基地进修学习;③农村医务人员每年接受乡镇卫生院的免费培训和业务指导;④继续开展农村医务人员中专学历教育,鼓励在职人员通过自学考试和职业教育,提高专业学历水平,改善农村卫生人才结构。

六、提高农村基层医务人员待遇

由于待遇低、基础设施差等多种因素的影响,农村基层卫生院普遍存在着技术人员队伍不稳定、流动性大的特点,影响了乡镇卫生院整体的技术水平和发展。因此,一方面应加快基础设施和硬件建设,为卫生技术人才创造可以施展才华的平台;另一方面应制定科学合理的绩效工资及奖惩制度和激励机制,提高广大医务人员的工作积极性。

案例使用说明

一、教学目的与用途

(一)本案例的适用课程

主要适用于"公共政策分析""公共管理学"的课程教学,包括公共政策执行、公共政策调整和政府治理与改革的相关课程。

（二）本案例的教学对象

公共管理硕士（MPA）。

（三）本案例的教学目标

1. 能够从理论上认识到影响政策执行的因素，掌握在政策执行的不同阶段这些变量对政策执行的具体影响。

2. 能够结合案例讨论，给出针对政策执行不同阶段对应的政策性建议。

3. 初步总结新农合政策促进农村基层医疗卫生服务体系的一般模式，总结出一些普遍经验。

二、启发思考题

1. 运用保罗·A.莎巴蒂尔（Paul A.Sabatier）和丹尼尔·A.马兹马尼安（Daniel A.Mazmanian）的政策执行综合模型，分析新农合政策在农村基层执行中的影响因素。

2. 新农合政策施行对于完善农村基层医疗卫生服务体系的影响与现阶段存在的问题。

3. 结合S市的调查报告，归纳如何使新农合政策在完善农村医疗卫生服务体系中发挥积极作用。

4. 分析思考进一步完善农村基层医疗卫生服务体系的政策建议。

三、分析思路

首先，要让学生熟知保罗·A.莎巴蒂尔和丹尼尔·A.马兹马尼安的政策执行综合模型，掌握在政策执行不同阶段可能遇到的影响因素，做好理论准备；其次，要让学生基本了解新农合政策和案例中涉及的农村医疗卫生服务体系；再次，通过S市调查报告，引导学生从数据中发现问题，从个体案例中探究宏观政策具体执行中面临的问题和症结；最后，从问题出发，结合分析模型，进行创造性思考和讨论，形成解决政策执行过程中面临问题的方案与模式。

四、理论依据与分析

（一）理论依据

本案例的主要理论依据是保罗·A.莎巴蒂尔和丹尼尔·A.马兹马尼安的政策执行综合模型。保罗·A.莎巴蒂尔和丹尼尔·A.马兹马尼安在1979年合著的《公共政策执行:一个分析框架》一文中,提出了政策执行的综合模型,该模型囊括了影响政策执行的三大类十七种因素。① 他们认为在政策执行过程中起较大作用的主要因素可以分为三类:

(1) 政策问题的可处理性。其衡量标准包括:现存的能对政策问题加以处理的有效理论和技术及运用时的困难程度;标的团队行为的多样性;标的团队的人数及其行为需要改变的幅度。

(2) 政策本身的规制能力。具体包括:政策是基于充分的因果关系基础的;政策指令是明确的;有充分的财政资源支持;各级执行机构能够通过整合实现协调;执行机构内部的决定程序相对科学;有素质较好的执行人员;能够吸纳社会多方面的政治参与。

(3) 政策以外的其他变量。主要包括:影响政策执行的经济环境和技术条件;大众媒介的参与情况;普通公众的支持程度;利益团体的态度和资源;监督机关是否支持;执行人员的热忱与领导艺术,等等。

该模型还有一个显著特点:模型联系了政策执行的不同阶段来考察变量对政策执行的影响。基于此,模型将政策执行分为五个阶段:执行机构的政策产出、目标团队对政策产出的服从、政策产出的实际影响、感知到的政策产出的影响以及政策的主要调整。

该模型作为政策执行的综合模型,包含的影响因素全面详尽,本次案例的教学只需重点关注政策本身的约束能力和政策以外的变量。

(二) 具体分析

新农合自 2002 年正式开始实施以来,到 2010 年已基本实现覆盖全国农村居民,取得了阶段性成果。这主要体现在农村乡镇卫生院、村卫生室数量增加,农村医疗服务人员数量有所增长,医疗服务质量和水平有所提高,正朝着使农民"小病不出村,大病不出乡,重大疾病不出县",提供便捷高效的卫生服务的目标迈进。从这个意义上讲,新农合政策在政策层面能够促进农村基层医疗服务体系的完善,对提高农村医疗服务水平和质量具有积极作用。

从政策本身的规制能力来看,新农合政策是由我国农民自己创造的互助共济医疗保障制度,实践证明,其对我国农村医疗服务体系的完善具有推进作用。

---

① Paul A. Sabatier and Daniel A. Mazmanian. "Policy Implementation: A Framework of Analysis". *Policy Studies Journal*. Vol. 8. No. 4. 1979-1980. p. 542.

同时，从中央到地方各级政府都给予了财力、物力支持，政策也在倾听各方意见中不断发展。正是由于以上因素，新农合政策的实施取得了阶段性的成果，但同时也面临着很多问题。

首先，虽然各级政府都给予了财政支持，但是通过案例我们能够认识到，基层医疗卫生体系仍存在资金缺口，医疗机构的经费需求尚未被完全满足。其次，新农合政策并未涉及农村医疗卫生基础设施的建设与完善，这导致政策间衔接不上。再次，基层医务人员的工资福利水平较低，导致乡镇卫生院、农村卫生室留不住人才。最后，从案例中可以看到，由于缺乏媒体和监督机关的持续关注，农村医疗机构的药品配置不完备，一些基础性、关键性药品没有纳入基本药物范围，制约了农村医疗卫生服务水平的提高。

基于以上政策执行影响因素的分析，可以给出相应的政策性建议：

(1) 加大农村卫生投入力度；
(2) 整合医疗卫生资源，进行一体化建设；
(3) 引入医疗机构竞争机制；
(4) 扩大基本药物目录范围，加强药品市场监管；
(5) 培养农村医疗职业技术人才；
(6) 提高农村基层医务人员待遇。

五、关键点

本案例分析的关键在于能够运用政策执行综合模型，掌握实施新农合政策对完善农村基层医疗卫生服务体系的积极意义，以及在此过程中遇到的影响因素，并能基于案例，给出对问题、影响因素的政策性建议。

本案例教学的关键能力点在于培养学生形成系统、综合的分析思路，善于从全局出发研究某项政策，从而能从整体层面上把握政策执行，顺利推进某些公共政策的施行。

六、建议课堂计划

(一) 课堂准备(25分钟)

首先，课堂分组。一般为三组，每组指定一个书记员，记录课堂讨论情况。其次，发放案例材料，要求学生阅读案例，并思考案例后的问题。最后，巡回指导学生的阅读活动。

(二) 案例讲授(25分钟)

教师讲授保罗·A.莎巴蒂尔和丹尼尔·A.马兹马尼安的政策执行综合模型，以及关于新农合政策、农村基层医疗卫生服务体系及其建设的内容等，为案例讨论和思考做好理论准备。

(三) 案例讨论(60分钟)

主要分为三个板块：

(1) 能力培养，即培养学生运用政策原理分析政策案例的能力(20分钟)。这一板块，由教师与学生一起从案例中寻找影响政策执行的三大类十七种因素，并讨论这些具体因素对政策执行效果的影响机制。教师需要指导学生，因为具体案例可能没有模型中指出的那么多因素，故应突出重点，而不是追求面面俱到。

(2) 能力提升，即培养学生解决问题的能力(20分钟)。该模块实行分组讨论、分组汇报。需要学生讨论的是：结合案例，假设你是决策者，你在认识到新农合政策执行后农村基层医疗体系仍存在的种种问题之后，会如何改进政策以达到更好地完善基层医疗卫生体系的目标。

(3) 能力运用(20分钟)。继续分组讨论，分组汇报。让学生开拓思路，深入思考：在现阶段如何综合运用各种政策性工具，使其相互协同、配合，进一步完善农村基层医疗卫生服务体系，得出完备的解决方案和一般模式。

(四) 总结与点评(10分钟)

教师对本课程的原理、案例分析与课堂讨论观点进行总结、点评，形成书面记录。

新媒体在大学生艾滋病健康教育中的应用[*]

刘 颖

摘 要: 本案例阐述了在大学生中开展艾滋病健康教育的必要性与重要性,分析了新媒体健康教育的利与弊,着重讲解了新媒体在大学生艾滋病健康教育中的应用成效。

关键词: 新媒体 健康教育 大学生 艾滋病

引 言

艾滋病是一种危害性极大的传染病,由感染艾滋病病毒(HIV 病毒)引起。HIV 是一种能攻击人体免疫系统的病毒。它把人体免疫系统中最重要的 CD4T 淋巴细胞作为主要攻击目标,大量破坏该细胞,使人体丧失免疫功能,导致人体易于感染各种疾病,并可发生恶性肿瘤,病死率较高。HIV 在人体内的潜伏期平均为 8~9 年,艾滋病发病以前,感染者可以没有任何症状地生活和工作多年。近几年,中国疾病预防控制中心的数据显示,艾滋病的感染人群逐步向普通人群扩展,其中大学生的感染比例在逐年上升。因此,在大学生中开展艾滋病健康教育是必要且重要的。针对艾滋病这种隐私性极强的疾病,传统的健康教育方式显然难以推进且效果不佳,而新媒体模式具有方便快捷的特点,容易被大学生接受。

---

[*] 本案例由中央财经大学政府管理学院 MPA 学员刘颖编写。

艾滋病在大学生人群中的传播情况

在大家以往的认知里,艾滋病是离我们很远的一种疾病,它似乎只会与吸毒、犯罪等行为挂钩。然而事实并非如此,艾滋病正悄然侵入大众群体,更令人震惊的是:高校已成为艾滋病的重灾区!中国疾病预防控制中心性病艾滋病防治中心主任吴尊友表示,"2011年到2015年,我国15~24岁大中学生艾滋病病毒感染者净年均增长率达35%(扣除检测增加的因素)",且65%的学生感染发生在18~22岁的大学期间。

据《南方都市报》报道:北京2015年1月至10月新增艾滋病病例3 000余例,青年学生感染人数上升较快。近两年,北京市大学生感染艾滋病每年新增100多例,以同性性行为传播为主。上海2015年共报告发现青年学生感染者92例,较上年同期上升31.4%。广州从2002年开始发现学生感染艾滋病病例,截至2013年年底艾滋病已累计117例,九成都是经同性的性传播感染。在北京、上海、广州等大城市高校艾滋病例增加的同时,一些中部省份高校学生的情况也不容乐观,比如说湖南省高校艾滋病患者八年间竟上升了37倍。这些数字令人震惊,显然在大学生中开展艾滋病健康教育是非常必要且重要的。

青年学生群体这几年来报告的病例数增长的速度远远高于全国整体报告数的增长,而且特别令人担忧的是在报告的病例数当中,男女病患的比例是41∶1,其中77%是18~22岁的大学生,而且有80%是通过男男性行为感染的。在男男性行为感染的这些学生当中,86%有多性伴的行为,而且只有不到1/3的人在发生性行为时使用安全套。随着时代的发展,人们对于性话题及性行为的接受程度越来越高,近期针对北京、上海、广州、深圳、武汉、西安等34个城市的高校本科生,分性别、年级进行摸底调查的结果显示:接受调查的大学生中,60.5%接受性解放、性自由,67.1%接受婚前性行为,近七成大学生接受未婚同居的行为。

但问题在于:虽然大学生们的性观念较为开放,但性知识相对滞后,因此艾滋病健康教育刻不容缓!

新媒体健康教育

随着生活水平的不断提高,大众的健康意识不断增强,对健康的认识也在不断深化,而健康意识的提高、深化以及健康知识的传播,都离不开媒体的传播作用。随着现代信息技术的发展,以网络、手机为代表的新媒体逐渐发展起来。新媒体的发展,对大众获取和学习健康知识等方面的改变产生了深刻影响。在这个背景下,为了满足大众在任何时间、任何地点都能接收健康知识的需求,将网络等新媒体应用到健康教育工作中来显得越发重要,这样既可以拓宽健康教育的传播渠道,也可以提高健康教育的效果。

1. 新媒体的定义

在报刊、广播、电视等传统媒体以后发展起来的新的媒体形态被称为新媒体。手机、网络及移动电视是大众在日常生活中接触频率最高的三种新媒体形式。调查发现,60岁以下人群在日常生活中较为频繁地接触和使用新媒体,其中39岁以下的年轻群体更加依赖于网络和手机等新媒体来获取各方面的资讯,是使用新媒体的中坚力量。同时,中青年群体通过网络等新媒体来搜集健康信息的行为也更为频繁。因此,健康机构重点针对中青年及青少年人群采用新媒体途径来进行健康信息的发布,效果可能更好。

2. 新媒体对健康教育工作的促进作用

(1) 新媒体具有覆盖面广、传播速度快的特点,对健康知识受众人群的覆盖面可达到最大化;

(2) 新媒体具有信息容量大的特点,能满足受众对健康知识信息量的需求;

(3) 新媒体技术具有较强的互动性,增强了受众接收健康知识的主动性;

(4) 新媒体的应用可实现对受众开展个性化的健康教育;

(5) 新媒体的应用,可对健康核心信息的传播选择最佳的表达方式;

(6) 新媒体在健康教育中的应用弥补了传统媒体传播方式的不足。

3. 新媒体对健康教育工作的负面影响

(1) 健康知识内容存在失真的可能;

(2) 健康教育专业机构的权威性可能降低。

总体来说,新媒体健康教育利大于弊。

新媒体在大学生艾滋病健康教育中的应用

在目前对艾滋病还无特效药和有效预防疫苗的情况下,健康教育对预防和控制艾滋病显得尤为重要。健康教育行为干预是最有效的防治手段。对大学生开展健康教育,使他们了解艾滋病的相关知识及其危害,对预防艾滋病病毒感染,遏制艾滋病在我国继续蔓延,有着极其重要的战略意义。

调查显示①,在大学中进行艾滋病的健康教育,普遍受到学生们的欢迎,其中有91.52%的学生想了解更多的艾滋病知识,有93.51%的学生认为艾滋病教育非常必要。以往我们都是通过采取预防艾滋病的知识授课、讲座,提供健康咨询,制作主题宣传册、宣传画等措施开展健康教育,但随着信息时代的到来,这些形式已不能满足现有的健康教育需求,为了更好地、更广泛地开展大学生艾滋病健康教育工作,利用新媒体的形式,发挥其灵活有趣、简洁易懂、图文结合、可视性强、隐私保护性高、互动性强等特点,提高大学生参与艾滋病健康教育的主动性、积极性,给予大学生准确、科学和适宜的信息,增强大学生的参与意识,提高他们对艾滋病危害的认识,号召他们积极投入到预防和控制艾滋病的队伍中来,从而达到真正预防艾滋病的目的。

基于艾滋病健康教育的知识点,我们可以相应地采取以下措施。

(1)艾滋病病毒的传播途径包括性接触、血液和母婴三种。艾滋病病毒感染者的血液、精液、阴道分泌物、乳汁、伤口渗出液中含有大量艾滋病病毒,具有很强的传染性。性接触是艾滋病最主要的传播途径。艾滋病病毒可通过性交的方式在男女之间和男男之间传播。性伴侣越多,感染艾滋病的风险越大。将以上内容做成微视频,通过手机、网络等传播途径,让学生可以更直观地了解艾滋病的传播途径,给他们留下深刻的印象。

(2)目前没有疫苗可以完全预防艾滋病,那么我们该如何正确有效地预防艾滋病呢?①坚持洁身自爱,不卖淫、嫖娼,避免婚前、婚外性行为。②严禁吸毒,不与他人共用注射器。③不要擅自输血和使用血制品,若有需要,要在医生的指导下使用。④不要借用或共用牙刷、剃须刀、刮脸刀等个人用品。⑤使用

---

① 基于北京佑安医院爱心家园通过10所高校近2 000名大学生问卷调查中得出的数据。

安全套是性生活中最有效的预防艾滋病的措施之一。⑥要避免直接与艾滋病患者的血液、精液、乳汁和尿液接触,切断其传播途径。将以上知识点做成手机、网络答题,让每一个学生都参与进来,通过匿名答题进一步了解相关知识。

(3)身在象牙塔中的大学生们对艾滋病预的防范意识依然十分淡薄。在发生了高危行为后,不知道如何预防补救;出现身体不适后,不知如何就医等。针对这些情况,可以建立网上咨询室,在不暴露艾滋病患隐私的情况下,让其向相关的专业人员进行咨询,了解艾滋病的早期症状,从而选择正规渠道进行疾病的判定与后续治疗。

成效

以首都医科大学附属北京佑安医院为例,北京佑安医院爱心家园作为首都高校青春红丝带基地,在2016年开展"美好青春我做主"系列高校活动,共走进七家大学校园,包括清华大学、北京航空航天大学、首都医科大学、北京交通运输学院、北京交通大学、北京建筑大学、北京林业大学。活动期间,除了开展艾滋病知识培训、艾滋病关怀服务等,最主要的是推行新媒体艾滋病健康教育,让大学生们通过手机、网络等新媒体,学习艾滋病的相关知识以及如何保护自己,了解艾滋病患者,消除社会歧视,鼓励更多的大学生们加入到志愿者的队伍中来,为艾滋病的公益事业奉献自己的青春与热情!

案例使用说明

一、教学目的与用途

(一)本案例的适用课程

主要适用于"公共管理学"课程,也适用于"公共政策分析""中国社会问题研究"等课程。

(二)本案例的教学对象

公共管理硕士(MPA)。

(三)本案例的教学目标

本案例通过阐述在大学生中开展艾滋病健康教育的必要性与重要性,分析了新媒体健康教育的利与弊,着重讲解了新媒体在大学生艾滋病健康教育中的应用成效。本案例旨在引导学生针对社会热点、难点问题,进行全面分析,寻找问题的关键点,通过运用管理学的理论方法及政策分析工具对案例中涉及的大学生性教育是否规范、艾滋病防控现状、健康教育模式传播效果、新媒体应用与健康教育的利与弊等进行分析,对社会问题分析、政策的指导、具体方案的选择等加深理解。

二、启发思考题

1. 艾滋病在大学生人群中是否有传播?
2. 大学生感染艾滋病的主要途径有哪些?
3. 大学生艾滋病健康教育是否必要且重要?
4. 新媒体健康教育包括哪些?
5. 在大学生人群中开展艾滋病新媒体健康教育的认可度有多高?
6. 新媒体在大学生艾滋病健康教育中的应用可以有效解决相关问题吗?

三、分析思路

首先用数据说明目前艾滋病在大学生中的传播情况,阐述在大学生中开展艾滋病健康教育的必要性与重要性,以及如何有效地在大学生中开展艾滋病健康教育;通过分析新媒体健康教育的利与弊,着重讲解新媒体在大学生艾滋病健康教育中的应用效果。

四、理论依据与分析

1. 突出艾滋病在大学生中传播这一社会问题的严峻性。
2. 运用公共管理学的比较分析法,分析新媒体健康教育的利与弊。
3. 运用案例分析法,分析新媒体在大学生艾滋病健康教育中的应用效果。

五、关键点

1. 艾滋病在大学生人群中的传播情况。
2. 在大学生中开展艾滋病健康教育的必要性与重要性。
3. 新媒体健康教育的利与弊。
4. 新媒体在大学生艾滋病健康教育中的应用。

六、建议课堂计划

(一)引入案例(10分钟)

教师借助多媒体,以图片、视频等形式,向学生简要介绍艾滋病在大学生人群中的传播情况,以及开展艾滋病健康教育的必要性与重要性。

(二)相关知识背景介绍(10分钟)

教师借助多媒体,向学生讲授艾滋病的相关知识及新媒体健康教育形式。

(三)分组讨论(30分钟)

学生分小组讨论:新媒体在大学生艾滋病健康教育中的应用效果。

(四)分组发言(20分钟)

各组派一名代表将本组讨论的结果同大家分享。

(五)案例点评(20分钟)

教师针对学生分组发言的情况予以点评,并对案例的关键点进行重点分析。

(六)案例总结(10分钟)

总结案例,使学生对社会问题的研究、公共管理及政策分析有更深入的思考。

附录 艾滋病相关知识补充

1. 艾滋病的病因

研究认为,艾滋病起源于非洲,后由移民带入美国。1981年6月5日,美国疾病预防控制中心在《发病率与死亡率周刊》上登载了5例艾滋病病人的病例报告,这是世界上第一次有关艾滋病的正式记载。1982年,这种疾病被命名为"艾滋病"。不久以后,艾滋病迅速蔓延到各大洲。1985年,一位到中国旅游的外籍人士患病入住北京协和医院后很快死亡,后被证实死于艾滋病。这是我国第一次发现艾滋病病例。HIV感染者要经过数年甚至长达10年或更长的潜伏期后才会发展成艾滋病病人,因机体抵抗力极度下降会出现多种感染,如带状疱疹、口腔真菌感染、肺结核,特殊病原微生物引起的肠炎、肺炎、脑炎,念珠菌、肺孢子虫等多种病原体引起的严重感染等,后期常常发生恶性肿瘤,并发生长期消耗,以致全身衰竭而死亡。虽然全世界众多医学研究人员付出了巨大的努力,但至今尚未研制出根治艾滋病的特效药物,也还没有可用于预防的有效疫苗。艾滋病已被我国列入乙类法定传染病,并被列为国境卫生监测传染病之一。

2. 艾滋病的症状

HIV感染后,最开始的数年至十余年可无任何临床表现。一旦发展为艾滋病,病人就会出现各种临床表现。一般初期的症状如同普通感冒、流感一样,全身疲乏无力、食欲减退、发热等,随着病情的加重,症状日见增多,如皮肤、黏膜出现白色念珠菌感染,出现单纯疱疹、带状疱疹、紫斑、血疱、淤血斑等;以后渐渐侵犯内脏器官,出现原因不明的持续性发热,可长达3~4个月;还可出现咳嗽、气促、呼吸困难、持续性腹泻、便血、肝脾肿大、并发恶性肿瘤等。临床症状复杂多变,但每个患者并非上述所有症状全都出现。侵犯肺部时常出现呼吸困难、胸痛、咳嗽等;侵犯胃肠可引起持续性腹泻、腹痛、消瘦无力等;还可侵犯神经系统和心血管系统。

3. 艾滋病的治疗

目前在全世界范围内仍缺乏根治HIV感染的有效药物。现阶段的治疗目标是:最大限度和持久地降低病毒载量;获得免疫功能重建和维持免疫功能;提高生活质量;降低HIV相关的发病率和死亡率。该病的治疗强调综合治疗,包括一般治疗、抗病毒治疗、恢复或改善免疫功能的治疗及机会性感染和恶性肿瘤的治疗。